D1387478

NOUVELLES PRATIQUES SOCIALES

Volume 5, numéro 1
Printemps 1992

Dossier
Santé mentale

Sous la direction de
Henri Dorvil et Jean Gagné

1992
Presses de l'Université du Québec
Case postale 250, Sillery, Québec G1T 2R1

La publication de ce numéro a été rendue possible grâce au soutien de l'Université du Québec à Montréal, de l'Université du Québec à Hull, de l'Université du Québec à Chicoutimi, de l'Université du Québec en Abitibi-Témiscamingue et du siège social de l'Université du Québec.

Révision linguistique : Gislaine Barrette

ISSN 0843-4468
ISBN 2-7605-0716-5

Dépôt légal — 4ᵉ trimestre 1992
Bibliothèque nationale du Québec
Bibliothèque nationale du Canada

Nouvelles pratiques sociales est une revue avec comités de lecture.

Pour toute correspondance concernant la direction et la rédaction de la revue, s'adresser à :

Secrétariat de *Nouvelles pratiques sociales*
Département de travail social
Université du Québec à Montréal
C.P. 8888, Succ. A
Montréal (Québec)
Canada H3C 3P8

Pour toute correspondance concernant les abonnements, les autorisations de droits d'auteur et la publicité, s'adresser à :

Presses de l'Université du Québec
C.P. 250
Sillery (Québec)
Canada G1T 2R1

Sommaire

Réflexions référendaires

Yves VAILLANCOURT
Université du Québec à Montréal

Rédigées quinze jours avant le référendum sur l'entente de Charlottetown, ces lignes ne seront lues qu'après ce même référendum. Je fais l'hypothèse que le non l'emportera au Québec et dans d'autres provinces canadiennes. Avec mes centres d'intérêt concernant le développement des politiques sociales, je préfère le référendum actuel à celui de 1980, en me réjouissant des positions publiques adoptées par plusieurs leaders des mouvements sociaux[1] et leurs organisations dans la lutte contre les offres de Charlottetown. Si le non l'emporte, l'avenir social autant que politique restera ouvert pour les forces du changement au Québec. Il y aura des élections fédérales avant l'automne 1993, des élections provinciales avant l'automne 1994 et, éventuellement, un autre référendum sur la souveraineté cette fois. Certains trouvent que ces événements politiques distraient des vrais enjeux comme le chômage, la pauvreté, etc. Je ne le crois pas. La question des pouvoirs du Québec à l'intérieur ou à l'extérieur du Canada est au centre de l'ordre du jour et le restera pour quelques années. Il faut s'occuper correctement de cette question pour avoir une prise sur les autres qui nous intéressent. C'est ce que comprennent un nombre croissant d'intervenants et d'intervenantes dans le champ du social.

---

1. Je fais référence ici aux prises de position adoptées dans le débat constitutionnel et référendaire par des leaders du mouvement syndical, du mouvement des femmes et de certains organismes communautaires et populaires.

Dans le domaine des politiques sociales, la période référendaire nous aura permis de nous sensibiliser à des enjeux qui demeureront importants après le 26 octobre 1992. En raison de recherches que j'ai menées ces dernières années sur les paiements de transferts fédéraux dans le domaine social et sanitaire, je m'intéresse de manière particulière au droit de retrait des programmes fédéraux à frais partagés et j'incite les personnes qui sont actives sur le terrain social au Québec à se pencher sur les enjeux de ce dossier sans omettre de le replacer dans sa trame historique.

À l'époque du gouvernement de Lesage (1960-1966), le Québec avait réussi à mettre, pendant un temps du moins, le gouvernement fédéral sur la défensive dans le débat sur le recours ambigu du fédéral à la formule des programmes à frais partagés pour agir dans des champs de juridiction provinciale exclusive (bien-être social, services sociaux, services de santé et éducation post-secondaire). En 1964 et 1965, le gouvernement Lesage avait même réussi à arracher au fédéral des concessions majeures à cet égard. Ces gains annonçaient la possibilité d'établir en 1970, soit à la suite d'une période de transition de cinq ans, une complète maîtrise d'œuvre québécoise dans les domaines de la santé, des services sociaux et de l'assistance sociale.

Mais au fil des ans, en profitant du fléchissement de la vigilance politique du gouvernement du Québec après le départ de Lesage, le gouvernement fédéral, à la fin de l'ère Pearson et pendant les années de l'ère Trudeau, eut la possibilité de se ressaisir. Ainsi, au cours des années 70 et 80, il continua d'utiliser la formule des programmes à frais partagés ou des « subventions conditionnelles », même lorsqu'il y avait apparence d'inconditionnalité après l'adoption de la *Loi sur le financement des programmes établis* de 1977. En imposant des conditions à ses subventions dites conditionnelles ou inconditionnelles[2], le fédéral a toujours continué, au cours des trente dernières années, à exercer une influence déterminante sur le développement des politiques sociales québécoises.

Pour peser sur l'histoire des politiques sociales au Québec comme dans les autres provinces, le gouvernement fédéral a dû, historiquement, s'efforcer constamment de remonter une « pente constitutionnelle » qui, au départ, favorisait l'action des provinces. Pour occuper le terrain des politiques sociales, le fédéral a su utiliser trois types de moyens. D'abord, il s'est prévalu des quelques dispositions de la *Loi constitutionnelle de 1867* qui lui permettaient d'agir auprès de certaines clientèles spécifiques rele-

---

2. Je veux attirer l'attention ici sur le fait que les conditions fédérales ne sont jamais disparues même après l'adoption de la formule des subventions dites inconditionnelles au cours des années 70.

vant de sa juridiction exclusive (autochtones, anciens combattants, etc.). Ensuite, il a réussi à certains moments à faire amender la Constitution de 1867 de manière à faire reconnaître explicitement, comme étant de sa juridiction exclusive ou partagée, des initiatives qu'il voulait prendre dans le domaine des pensions de vieillesse en 1927, de l'assurance-chômage en 1940 et des régimes de rentes en 1964[3]. Enfin, en se prévalant de son pouvoir de dépenser, il a su utiliser la méthode des programmes à frais partagés, pour faire des intrusions nombreuses dans des champs de juridiction provinciale exclusive. C'est grâce à ce moyen que le gouvernement fédéral a su, au déplaisir du Québec et avec la connivence de la majorité des autres provinces, se tailler un rôle central pour influencer les programmes provinciaux de bien-être, de santé, de services sociaux et d'éducation post-secondaire.

Pour évaluer les offres fédérales au chapitre des programmes à frais partagés qu'on appelle « cofinancés » depuis l'accord du lac Meech, il faut secouer notre amnésie collective et sortir de l'oubli la position du gouvernement Lesage dans le dossier des programmes à frais partagés. Dans cette position, le droit de retrait des programmes fédéraux à frais partagés dans les champs de compétence exclusive a du sens s'il permet au Québec d'accéder à une véritable maîtrise d'œuvre de ses programmes. Pour Lesage, le droit de retrait devait être total. Il ne devait pas être hypothéqué par la soumission chronique à des normes nationales déterminées par le Parlement fédéral, surveillées en dernière instance par la Cour suprême du Canada. Il devait permettre au Québec de s'approprier le contrôle de son développement social et non pas de se contenter d'une quelconque libération conditionnelle. En ce sens, le Québec du temps de Lesage exigeait que la compensation obtenue en retour du retrait fédéral soit fiscale (sous forme de points d'impôt) et non pas financière (sous forme de chèques versés par le fédéral à partir de ses propres ressources fiscales). Sur le plan des politiques sociales, le droit de retrait permettait donc de faire la rupture du cordon ombilical.

Par contre, le droit de retrait que le fédéral est prêt à consentir et que le gouvernement de Bourassa est prêt à accepter dans l'entente de Charlottetown, comme dans l'accord du lac Meech, est un pseudo droit de retrait. C'est aucunement un droit de retrait qui permettrait au Québec

---

3. Après avoir obtenu certaines modifications à la *Loi constitutionnelle de 1867* qui lui permettaient, en toute légitimité, d'instaurer un programme social spécifique qui autrement n'aurait pas été considéré comme étant de sa juridiction, le gouvernement fédéral a su utiliser ces amendements à la manière d'un cheval de Troie pour adopter et justifier d'autres initiatives. C'est le sens de certains amendements adoptés pour modifier la *Loi d'assurance-chômage* en 1971 et en 1990.

d'accéder à une véritable maîtrise d'œuvre des programmes sociaux concernés[4]. Ironiquement, le droit de retrait dont il est question à l'article 25 de l'entente du 28 juillet est limité seulement aux *nouveaux* programmes sociaux, lesquels constituent pourtant une denrée rare en contexte de crise de l'État-providence. Ainsi, le droit de retrait ne s'appliquerait pas aux programmes existants grâce auxquels le gouvernement fédéral fait des empiétements depuis longtemps dans des domaines de juridiction exclusive du Québec, notamment dans la santé et les services sociaux.

Ces enjeux demeurent souvent mal cernés dans nos débats sur le financement de notre système sociosanitaire québécois. En raison d'une certaine illusion d'optique, on oublie trop souvent que dans la mesure où ils sont « cofinancés », même chichement ces années-ci, par le fédéral, nos programmes québécois de santé et de services sociaux doivent se conformer à des normes fédérales.

En outre, le droit de retrait dont s'accommoderaient les gouvernements de Mulroney et de Bourassa donnerait lieu à une compensation financière et serait assaisonné de conditions, puisque la province qui s'en prévaudrait s'engagerait à mettre « en œuvre un programme ou une initiative compatible avec les objectifs nationaux ». On se retrouve ici à mille lieues du droit de retrait revendiqué par le gouvernement Lesage et concédé, pendant un temps et de bonne foi, par le gouvernement Pearson.

Certes, en ces années marquées par un manque de ferveur à l'endroit des politiques sociales à Québec comme à Ottawa, il est tentant, pour des progressistes québécois et canadiens dans le domaine social, de penser que la dépendance québécoise vis-à-vis des normes fédérales pourrait jouer le rôle d'un filet de sécurité qui empêcherait le Québec de verser dans les scénarios du pire. Ce type d'argument est repris par ceux et celles qui pensent que la Charte sociale de Bob Rae, dont une version étriquée se retrouve dans l'article 4 de l'entente de Charlottetown, aurait le mérite de forcer des gouvernements néo-libéraux, à Québec comme à Ottawa, à pratiquer « la vertu » en matière de politique sociale.

Vue du Québec, la Charte sociale des socio-démocrates pancanadiens, même dans la version édulcorée qui se retrouve dans l'entente du 28 août, demeure inacceptable et cela pour deux raisons. D'abord, en l'acceptant, les Québécois se trouveraient à légitimer pour la première fois

---

4. Il s'agit plutôt d'un droit de retrait limité et bien encadré comme on le constate en examinant les dispositions de l'entente de Charlottetown concernant le droit de retrait dans les domaines de la formation de la main-d'œuvre (art. 28) et de la culture (art. 29).

le pouvoir fédéral de dépenser et les intrusions auxquelles il donne lieu dans des domaines de juridiction provinciale exclusive. Ensuite, en misant sur l'inscription de telles dispositions dans une constitution canadienne pour empêcher les gouvernements conservateurs et libéraux de glisser vers le pire en politique sociale, les réformistes sociaux au Québec et ailleurs se donneraient une fausse sécurité. Pour avoir des politiques sociales intéressantes au Québec comme ailleurs au Canada, au cours des prochaines années, il faudra, d'abord et avant tout, élire aux divers paliers de gouvernement des partis politiques réformistes qui font du développement des politiques sociales quelque chose de central dans leur programme et leurs orientations politiques. Pour empêcher la détérioration des politiques sociales, il faut songer d'abord à mettre dehors des gouvernement fédéraux ou provinciaux qui, dans leur agenda politique, ne s'intéressent tout simplement pas aux politiques sociales. C'est un leurre de penser que les standards nationaux élevés sur le plan social pourraient obliger des partis politiques, dont les programmes sont hostiles à ces mêmes standards, à se comporter bellement dans le champ des politiques sociales. Ainsi, lorsque les gouvernements de Mulroney et de Bourassa acceptent de faire une place à l'objectif du plein emploi dans l'entente de Charlottetown, il ne faut quand même pas s'illusionner outre mesure.

La délicate cohabitation du communautaire et de l'institutionnel en santé mentale

Entrevue avec le ministre Marc-Yvan Côté

Henri DORVIL
Département de travail social
Université du Québec à Montréal

Jean GAGNÉ
Coordinateur
Maison Saint-Jacques

La présente entrevue avec le ministre de la Santé et des Services sociaux a été faite le 9 décembre 1991 à Québec par Henri Dorvil et Jean Gagné qui sont responsables du dossier sur la santé mentale publié dans ce numéro.

NPS – *Monsieur le Ministre, cet automne ce sera votre deuxième anniversaire comme ministre de la Santé et des Services sociaux. À cette occasion, nous voudrions obtenir l'heure juste concernant votre réforme dans le domaine de la santé mentale.*

Pour situer l'entrevue, nous croyons utile de fournir quelques points de repère historiques. Tout d'abord, il faut dire qu'il n'y a pas une longue tradition asilaire au Québec. Il y a deux hypothèses sur la fondation du premier asile au Québec, et la plus récente, celle de André Cellar et de Dominique Nadon, considère le Montreal Lunatic Asylum comme étant le premier asile au Québec. Sa construction a été achevée en 1838, durant la rébellion des Patriotes, sur le site de la pris on commune au pied du courant (angle des rues Notre-Dame et De Lorimier). Cet asile servit à l'incarcération de plusieurs centaines de prisonniers politiques de l'insurrection de 1837-1838 et ouvrit ses portes aux aliénés le 1er novembre 1839. La seconde hypothèse, la plus courante, voit plutôt dans l'asile de Beauport (près de la ville de Québec) la première institution asilaire permanente. Cet asile ouvrit ses portes en 1845 dans une ancienne écurie rénovée.

Mais, quelle que soit l'hypothèse retenue, ce n'est que 30 ans après que les Canadiens français ont décidé d'envoyer leurs fous à l'asile. Tout d'abord, l'asile de Beauport (appelé par la suite St-Michel Archange, puis Robert Giffard) était la propriété privée du major Douglas. Pour des raisons ethniques et religieuses, les Canadiens français ne voulaient pas envoyer leurs malades chez les Anglais. Les structures communautaires, paroissiales et villageoises (la famille, le rang, le système de dotation) du Canada français constituaient un filet protecteur autour du patient psychiatrique, du déficient intellectuel, du vieillard et d'autres personnes dépendantes.

Vers la fin du XIXe siècle, les asiles, alors sous la houlette des religieuses, ont commencé à accueillir des fous. Durant près de 75 ans, les religieuses se sont occupées des personnes démunies de toute sorte. L'année 1960 marque l'amorce d'une lutte de pouvoir entre une nouvelle élite francophone (les psychiatres), formée aux États-Unis et en Europe, et les religieuses. Les médecins gagnèrent cette lutte haut la main. Ils soutenaient que la folie n'est pas un don ou une punition de Dieu, mais bien une maladie comme les autres et qu'ils étaient capables de la guérir. Vous vous souvenez de cet engouement occasionné par la découverte des neuroleptiques. Si ces médicaments combattent efficacement les symptômes actifs comme l'agitation, le délire, les hallucinations et permettent un retour de la personne dans la communauté, ils sont sans effet sur les symptômes passifs comme le retrait social, la non-communication. En outre, ils entraînent des effets secondaires pervers comme la dyskinésie tardive.

Pendant les 75 ans où il n'y avait que l'asile comme solution à cette forme de marginalité, la société s'était transformée. De patriarcale et d'étendue, la famille est devenue nucléaire sous la poussée conjointe de l'industrialisation et de l'urbanisation. Le filet protecteur, dont on parlait plus tôt, s'était dissous comme un organe non utilisé. En même temps, la norme bourgeoise de la distance s'est affirmée, les préjugés à l'égard du malade mental se sont installés au sein de la communauté. C'est dans ce contexte que « les fous crient au secours » et remettent l'asile en question. Depuis lors, on a commencé à les retourner dans la communauté.

Donc ce n'était pas une surprise si, au milieu des années 70, le Ministère diagnostique un demi-succès de la psychiatrie communautaire : 75 % des admissions en psychiatrie sont en fait des cas de réadmissions. C'est le syndrome de la porte tournante. Le Ministère s'est accordé une pause pour faire le tour des lieux avant de lancer sa politique de désinstitutionnalisation. De là surgissent les différents avis du Comité de santé mentale de 1981 à 1986, les voyages d'études, les comptes rendus de recherche, le Rapport Harnois, le Rapport Rochon, l'énoncé de politique de la santé mentale. Un diagnostic commun ressort toutefois :

– *Discontinuité des soins dans le réseau, services compartimentés, voire concurrentiels.*

– *Blocage du système pris en otage par les groupes d'intérêt.*

– *Reconnaissance de l'importance des ressources communautaires.*

Nous allons vous interroger sur les correctifs que votre ministère se propose d'apporter à cette problématique. Nous aimerions, tout d'abord, vous faire faire un tour du propriétaire, ensuite vous demander de situer la mise en place de programmes régionaux de services en santé mentale (les PROS) et, enfin, vous demander de définir la place du communautaire dans la réforme Côté, puisqu'elle a été privilégiée non seulement dans le Rapport Harnois et le Rapport Rochon, mais aussi dans la nouvelle politique de santé mentale.

MYC – Je préfère peut-être que vous y alliez de vos propres questions, parce que votre entrée en matière est assez extraordinaire sur le plan historique... Je n'ai pas encore trouvé un fonctionnaire qui ait réussi à résumer l'historique des services de santé mentale de cette manière-là. Je trouve cela assez extraordinaire ! (rires)

NPS – *On s'entend généralement pour considérer la nouvelle politique de santé mentale du Québec adoptée en 1989 comme étant le prototype de toute la réforme. Étant entendu que l'une des critiques la plus percutante que l'on ait adressée à notre système sociosanitaire demeure celle de son inertie causée par les luttes intestines que s'y livrent ses différents acteurs (corporations professionnelles, administrations, syndicats, etc.), peut-on dire qu'aujourd'hui l'exercice de mise en place de cette politique de santé mentale ait tracé la voie à un déblocage?*

MYC – Je pense que la politique de santé mentale a quand même fait débloquer un certain nombre de choses. La politique de santé mentale a été rédigée à l'époque en collaboration avec bien du monde et quand on a abordé la réforme, on n'y a même pas touché. C'était tellement frais ! C'était tellement neuf ! Elle s'applique à ce moment-ci et, dans notre esprit, on n'y retouche pas ! Au contraire, on s'en inspire pour l'appliquer dans d'autres domaines. Sur le plan du constat, à ce moment-ci, je ne pense pas que d'aucune manière on puisse remettre en question la politique de santé mentale. Elle est là, elle est très claire quant à ses objectifs. Peut-être y a-t-il des moyens qui peuvent varier sur le plan de son application. Ça doit être une affaire de partenariat et non pas celle d'une corporation. Ça doit être une affaire de collaboration des différents intervenants, soit des organismes communautaires avec les institutions et les représentants du milieu. S'il y a quelques défauts dans son application, ils sont plutôt attribuables au peu de préparation du milieu. Il faut aussi une réforme des mentalités, afin que les gens remplacent dans leur esprit l'institutionnalisation par des recours au communautaire. On dit souvent que le gouvernement se tourne vers la désinstitutionnalisation pour faire des économies. C'est faux. La désinstitutionnalisation coûte plus cher en bout de ligne. Je peux en parler facilement puisqu'un de mes frères fut institutionnalisé; après avoir vécu dans son milieu familial avec sa toile protectrice, il s'est retrouvé en institution et, aujourd'hui, il est désinstitutionnalisé. Il vit en famille d'accueil et, depuis lors, il a perdu sa toile protectrice, celle de la famille, pour en retrouver une autre sur le plan institutionnel ! Cela se passe ainsi, même si la famille, à certaines occasions, peut avoir certaines réticences. Mais la famille d'accueil n'a pas été suffisamment informée non plus, pas plus que la population en général.

L'idée du plan régional de services en santé mentale nous inspire pour une application généralisée aux différents champs des services sociaux et de santé. Le modèle peut être amélioré, c'est certain. Mais l'objectif demeure le même partout.

NPS – *Ce modèle de partenariat utilisé dans toutes les régions du Québec pour l'élaboration des programmes régionaux d'organisation des services (PROS) peut-il être mis en œuvre dans toutes les régions? N'y a-t-il pas là danger de maintenir une inégalité du développement communautaire d'une région à l'autre au Québec?*

MYC – Je pense que, même à Montréal, il y a certaines lacunes dans ce partenariat-là. Je le souhaite le plus ouvert possible, franc et direct ! J'ai eu l'opportunité de rencontrer, dans l'élaboration de la réforme, des gens du communautaire. On s'est penché sur l'expérience des PROS en santé mentale; les gens sont venus manifester certaines inquiétudes face à un pouvoir qui, aujourd'hui, est central et qui, demain, sera régionalisé. Il y avait cette inquiétude aussi : Est-ce qu'on nous respectera comme partenaire ou non? Pour tenter de faire en sorte que ce partenariat-là soit très bien assis, on a dit que 20 % des postes dans les régies régionales seront réservés au communautaire ; 20 % ce n'est pas négligeable, par rapport au 20 % du monde socio-économique, au 20 % des municipalités et au 40 % de l'institutionnel. De sorte qu'on peut se retrouver dans une chimie davantage inspirée des autres que de l'institutionnel ! L'institutionnel va toujours tirer de son bord. Donc, même si à Montréal le partenariat semble bien fonctionner, on n'y a pas encore atteint une situation idéale et sans lacunes.

NPS – *Est-ce que le modèle sera uniforme partout?*

MYC – Dans la région de Québec, c'est pas nécessairement ce qu'on souhaitait. Ce qu'on se disait, c'est qu'il y a des expériences de partenariat qui peuvent être valables à Montréal et qu'il faut les encourager; mais il faut aussi permettre la diversité, un peu partout à travers le Québec, mais à condition qu'il n'y ait pas d'objectifs à rabais. Le partenariat peut être vécu de manière différente d'un endroit à l'autre, dépendamment des dynamiques qui s'y sont développées et on va certainement avoir des modèles différents d'une région à l'autre. Mais il n'y aura pas de concession sur les objectifs.

NPS – *Une autre crainte fréquemment évoquée à l'égard de l'implantation des structures participatives dans le secteur des services sociaux et de santé est d'y voir se reproduire un effet dit de « commission scolaire », c'est-à-dire qu'un désintérêt de la population en général pour ce genre d'engagement ne cède la voie à un noyautage des postes réservés aux représentants populaires par un groupe particulier de la population?*

MYC – Ce n'est pas à craindre étant donnée la composante même de la régie régionale. Les établissements y occuperont 40 % des sièges. C'est un 40 % passablement diversifié : un établissement, c'est un centre hospitalier; mais c'est aussi un centre d'accueil, de réadaptation, etc. Donc, même sur ce plan, une prise de contrôle est impossible. Quant aux autres blocs, il s'agit d'abord des représentants des municipalités élus par les maires pour 20 % des sièges et d'un autre groupe de 20 % issu des milieux socio-économiques et culturels. Encore là, pas de prise de contrôle possible puisque ces blocs sont plutôt hétérogènes. Enfin, 20 % pour les organismes communutaires. Je pense que le bloc le plus solide, le plus homogène de tous ça sera celui des organismes communautaires. Il n'y a personne qui a relevé ça jusqu'à maintenant ! Le bloc le plus homogène de tous, les groupes désignés sera celui des organismes communautaires ! Pour peu que ces organismes choisissent les bonnes personnes pour les représenter, il est clair que ça va faire un projet absolument extraordinaire ! Cela permettra de faire avancer la compréhension de ce que font les organismes communautaires, du travail qu'ils font, de leurs activités bénévoles, de leur implication dans le milieu, etc. Quant à l'effet « commission scolaire » auquel vous référez, il me semble peu probable. D'une part, l'activité des commissions scolaires ne concerne qu'un secteur, l'éducation; tandis que les services sociaux et de santé représentent une très grande variété de préoccupations. D'autre part, la question de l'éducation en milieu scolaire n'intéresse les parents que dans la mesure où ils ont des enfants inscrits à l'école primaire ou secondaire, tandis que celle des services sociaux et de santé nous touche la vie durant, de la naissance jusqu'à notre mort.

NPS – *On a reproché au modèle des PROS d'occulter les différences inhérentes entre ses membres issus de milieu et de culture variés. En particulier, la maîtrise du langage et des codes administratifs des représentants des institutions n'a-t-elle pas souvent eu pour effet de laisser les représentants du communautaire à l'écart des débats?*

MYC – Évidemment, les PROS de santé mentale nous inspirent sur le plan des niveaux de collaboration, de préparation aux échanges pour le partenariat. Vous avez raison de le rappeler que, dans l'état actuel des choses, si vous vous asseyez à une table où il y a des gens des centres hospitaliers de courte durée, de longue durée, des CLSC, etc., vous risquez de vous retrouver avec un directeur général d'un centre hospitalier, ou avec un directeur des soins professionnels, des gens donc très articulés, très préparés, par rapport à quelqu'un du communautaire qui, lui, donne de son temps bénévolement. On pourrait parler d'un rapport de force quelque peu inquiétant pour le communautaire. Cependant, ce qu'il faut se rappeler, c'est que sur le plan de la régie régionale, à côté de 40 % des personnes qui vont représenter les institutions, il y aura 60 % de gens qui vont représenter la population. Contrairement à la situation actuelle où le citoyen est en « minorité » au conseil d'administration, avec la réforme, il deviendra majoritaire. Donc, ce ne sont plus les gens qui travaillent dans le réseau qui vont contrôler le conseil d'administration. On comprend qu'il y aura des efforts à faire sur le plan de la formation des individus qui vont occuper ces postes. Par ailleurs, au conseil d'administration de la régie régionale, vous ne retrouverez pas de directeur général siégeant autour de la table. Vous allez avoir un médecin sur 25. Vous pouvez ultimement, peut-être, avoir un travailleur, une infirmière, ou quelqu'un d'autre, mais de manière très très marginale par rapport à l'ensemble des individus. En effet, sur 25 personnes, dont 60 % ne sont pas des travailleurs du réseau, certaines personnes seront peut-être des bénévoles ou des gens des organismes communautaires. Alors que, dans le 40 %, majoritairement, ce sont des citoyens qui ne travaillent pas dans le réseau. La composition même des collèges électoraux prévue par la loi rend déjà difficile une prise de contrôle de son conseil d'administration par les directeurs d'établissements, par exemple.

NPS – *On parlait tantôt de la désinstitutionnalisation pour lui nier des objectifs plus financiers qu'humanitaires. La question pourrait aussi se poser pour la réforme, c'est-à-dire qu'on y voit, à la lecture du Livre blanc deux objectifs qui se côtoient constamment.*

MYC – Il faut adapter le rythme des dépenses à notre capacité collective de payer et d'humaniser le réseau. On avait dit « réforme de structures », bien sûr. Nous voulions imprimer une nouvelle dynamique sur le plan démocratique, rendre le réseau plus accessible aux citoyens, le faire diriger par le citoyen et, d'autre part, ajouter des ressources financières pour mieux desservir nos groupes prioritaires que sont les jeunes et les personnes âgées. Donc, pour être capable de faire face au tournant de l'an 2000 et tenir compte de nos besoins réels dans l'ensemble du Québec, il est prioritaire d'injecter plus ou moins 250 à 260 millions $ par année, à partir d'avril 1992. Donc, il y aurait, d'ici l'an 2000, plus ou moins 2 milliards $ additionnels qu'il faudrait investir dans le système et ce n'est pas démenti jusqu'à maintenant. On a même devancé cet objectif dans certains cas par l'ajout de certaines sommes. Cependant, d'une manière globale, on en arrivera à une croissance d'IPC + 3 %[1] du budget de la santé, ce qui est déjà supérieur de 1,5 % à la croissance des dépenses gouvernementales. C'est donc considérable, malgré le fait qu'actuellement on navigue à une vitesse de croisière d'IPC + 4,3 %. Il y a donc un resserrement budgétaire qui doit accompagner ces mesures additionnelles. Il y a des sommes additionnelles, mais il y a aussi une réallocation

---

1. Indice des prix à la consommation plus 3 % de croissance.

des ressources du Ministère et un meilleur contrôle de nos dépenses. On a un contrôle « macro », mais on n'a pas de contrôle sur le plan « micro ». On a donc l'objectif premier de donner aux citoyens des services que le Québec est capable de se payer. La priorité, bien sûr, est de donner des services et d'arrêter de faire croire au monde que c'est gratuit. C'est là une des plus grandes absurdités véhiculées partout par les partis politiques, depuis les années 60 à l'époque où le régime s'est structuré. Ça se paye à partir des taxes des citoyens. C'est quelque chose qui n'est pas tout à fait transparent. La part des impôts consacrée aux services sociaux et de santé disparaît dans le magma des revenus et dépenses du gouvernement.

NPS – *Que dire des critiques émises par quelques recherches commandées par des fédérations d'établissements (Conférence des CRSSS ou Fédération des CLSC) et qui s'entendent pour dénoncer une sous-évaluation des coûts de la réforme ?*

MYC – Le débat sur le financement débutera au début de février 1992[2]. On a voulu faire un débat spécifique sur le financement. Le financement, pour bien du monde de ce temps-ci, c'est les dépenses. Pourtant, il doit y avoir une colonne des dépenses et une colonne des revenus.

Donc, nous ferons ce débat-là de manière très claire et très ouverte. Je peux déjà vous dire qu'il y aura des sommes appréciables qui seront ajoutées dans le réseau. On parle de la première ligne, du maintien à domicile, de la jeunesse, d'une série de choses comme celles-là. Ces mesures vont commencer à s'appliquer à partir d'avril 1992. Évidemment, sur le plan des structures, c'est une autre affaire. Je suis assez réservé merci ! J'ai vu l'étude des CRSSS qui évalue le coût de la réforme à 58 millions $. Je me verrais assez mal investir tant d'argent dans les structures, et pas d'argent dans les services aux citoyens. Ça irait contre la volonté qu'on a toujours exprimée de privilégier le fait que les services aillent aux citoyens. Cependant, il ne faut pas non plus être puritain, au point de dire que ça va se faire sans développement de structures. Forcément, si vous transférez aux régions un pouvoir qui est à Québec, il faut l'accompagner de budgets pour rendre l'exercice viable. Il est inévitable que les CRSSS, qui se transformeront éventuellement en régies, soient dotés d'un personnel accru, sans pour autant qu'il faille leur ajouter 58 millions $.

NPS – *Justement, certains reprochent à cette réforme de provoquer un doublement des structures de contrôle en maintenant un fonction-*

---

2. Le Ministre fait ici référence à la Commission parlementaire sur le financement des soins de santé et des services sociaux qui a siégé en février 1992.

nariat important au Ministère tout en en créant un autre dans chacune des régions...

MYC – C'est-à-dire que certains n'ont pas compris encore ! C'est un peu normal. Il y a des gens, je présume, qui étaient occupés à faire autre chose ailleurs. On est dans une situation où le Ministère demeure le responsable ultime de toutes les dépenses. On n'a pas décidé de prendre un pouvoir à Québec et de lui donner une assise démocratique par une élection au suffrage universel au plan des régions. Cela commanderait par le fait même un pouvoir de taxation. Il n'y a pas de pouvoir de taxation, parce que le gouvernement a décidé que le moment n'était pas venu de faire cette étape. S'il y a une mauvaise dépense qui se fait, c'est toujours le ministre de la Santé et des Services sociaux qui va être questionné à l'Assemblée nationale. C'est donc le Ministère qui demeure le responsable de la planification et de l'allocation des ressources.

Donc, le développement ne se fera plus en fonction des producteurs mais plutôt en fonction des conditions de vie et de santé des gens qui habitent les régions. L'allocation des ressources doit tenir compte de la réalité de la région et non pas des producteurs qui s'y installent. Si on a 1 150 médecins de trop actuellement à Montréal, et qu'on continue d'allouer des ressources en fonction des producteurs, on aura inévitablement pénurie de médecins en région. Si on alloue les ressources en fonction des personnes qui habitent les régions et de leur état de santé, là on a des chances que le médecin soit davantage attiré par les revenus qu'il pourrait éventuellement acquérir et aille soigner ceux qui sont dans les régions, au lieu de se cantonner dans la ville de Montréal. Cela ne veut pas dire que les gens de Montréal ayant besoin de services auront à être négligés. La gestion quotidienne et la répartition des ressources à travers les différents établissements institutionnels et organismes communautaires demeurera du ressort régional en conformité avec les plans régionaux de services. La régie régionale veillera à la bonne gestion de ces ressources tout au long de l'année. Bien sûr, le Ministère sera là à la fin de l'année pour vérifier l'utilisation des fonds publics au niveau régional et faire à l'occasion les enquêtes qui s'imposent.

NPS – *Dans le Livre blanc, on pouvait lire que votre ministère comptait garantir la reconduction et la consolidation des subsides déjà accordés aux différents organismes communautaires. Cependant, en ce qui a trait au champ particulier de la santé mentale, la même garantie n'était pas donnée. Qu'en est-il au juste?*

MYC – C'est le même principe qui s'applique. Cependant, il n'est pas évident que la culture soit bien établie à ce moment-ci quant à la protection de ces enveloppes. C'est ce que les organismes communautaires nous ont dit lorsque nous les avons rencontrés : « Si vous transférez l'argent, cet argent va disparaître puis nous autres aussi. C'est tout un pan de mur de l'expertise, des soins et des services humanitaires à la population qui va disparaître ». C'est pour cela que l'idée de la réforme c'est d'arriver à ce que les fonds du communautaire soient transférés au plan régional pour constituer un plancher en deçà duquel les régies régionales ne pourront pas aller. Mais il sera possible de viser un plafond. Dans le cas de santé mentale, on a transféré des sommes d'argent au plan des régies régionales. Il y a des budgets qui se répartissent assez bien, mais il faut conserver une certaine vigilance pour protéger les organismes communautaires. Il y a une culture à créer, ce qui n'est pas toujours évident dans certaines régions du Québec. On tient compte de ça, maintenant, pour mettre tous les verrous nécessaires en termes de protection des budgets des organismes communautaires. Les PROS en santé mentale prévoyaient des sommes d'argent additionnelles, mais la répartition de ces montants n'allait pas nécessairement aux organismes communautaires. Dans la pratique, lorsqu'on transfère des sommes d'argent, dans la répartition, il y a des gens qui, dans certaines régions, s'occupent effectivement du communautaire; mais, dans d'autres régions, on ne s'en préoccupe pas, sous prétexte que, dans les PROS, il n'en est pas question. Donc, si on veut financer les organismes communautaires, on devra le faire par le Service de soutien aux organismes communautaires (SOC) du Ministère. À mes yeux, cela va à l'encontre de la philosophie de la réforme qui dit qu'on doit avoir un plancher protégé et qu'on peut en ajouter sur le plancher. En particulier, quand on parle de santé mentale, moi je dis qu'on peut en ajouter sur le plancher.

NPS – *On sait que des 600 millions $ affectés au Québec à la santé mentale, moins de 1 % de cette somme est utilisé pour financer les activités des organismes communautaires. On sait également qu'au moins la moitié des personnes reconnues comme souffrant de problèmes « psychiatriques » sont en fait prises en charge par la communauté. À Montréal, en particulier, tout développement ne pourra s'effectuer que par réallocation des ressources institutionnelles, puisque cette région, réputée riche, ne pourra bénéficier de nouveaux fonds de développement avant que l'on ait pu évaluer que l'ensemble des régions québécoises sont arrivées à une certaine parité. Avec une telle médecine, le communautaire ne risque-t-il pas l'extinction?*

MYC – Vous avez bien dit médecine ! Cela montre jusqu'à quel point notre système est marqué par la médecine. Une chose est certaine : il y a des progrès à faire ! Il faut en faire continuellement. C'est ça qui est intéressant : les organismes communautaires ne sont pas des « lâcheux ». Ils comprennent des gens qui interviennent et qui sensibilisent. Moi, je me rappelle d'avoir été sensibilisé au danger de se faire « bouffer » par l'institutionnel. Finalement, le communautaire, c'est presque notre navire amiral capable de faire progresser les choses. Les écueils, qu'on me les signale et j'interviens. J'ai entendu un certain nombre de messages. Par exemple, dans la répartition des enveloppes, je partage vos préoccupations. Dans certaines régions, on se fait dire que ce qui n'est pas prévu dans les PROS qui ont été « approuvés » ne peut « être appliqué ». Les CRSSS qui parlent ainsi prétendent appliquer les PROS strictement. Cependant, dans le transfert de ces fonds, nous avons indiqué clairement que l'esprit de la réforme devait s'appliquer partout. Les PROS sont là pour être modifiés, pour évoluer avec le temps. Ce que je souhaitais, c'est que la répartition des sommes d'argent respecte l'esprit de la réforme. Si on n'est pas capable de l'atteindre maintenant, qu'on donne au moins l'indication qu'on tend vers cet objectif. Il y a des CRSSS qui ont commencé à donner des sommes d'argent au communautaire. Il y en a qui ont compris ! Peut-être pas à 100 % mais au moins le geste est là.

NPS – *J'aimerais revenir au sujet abordé précédemment. Dans certaines régions, on considère le communautaire comme le dernier venu alors que ce n'est pas le cas. Dans la prise en charge du malade mental, le communautaire a existé bien avant l'asile. De plus, il y a aussi une réticence du communautaire à se faire embarquer, « bouffer », intégrer de force. Il y a même une personne, proche du communautaire qui a fait un reproche au MSSS. Je vais vous lire ce qu'écrivait Jérôme Guay en 1987 :*

> Le communautaire acceptera-t-il, telle la rivière La Grande, de se laisser harnacher par le réseau? Ou continuera-t-il son cours, seul peut-être au milieu d'une forêt immense, mais têtu, parvenant à tracer son chemin, même sinueux, et sachant que c'est lui qui, à sa façon, nourrit la terre.

Que pensez-vous de cette citation?

MYC – Vous avez raison ! Mais je ne prendrais pas la même comparaison. Je dirais ceci : Ils seront obligés de se construire des affluents pour augmenter le débit de la lumière dans cette grande forêt, parce que tantôt on va peut-être « frapper » des racines plus grosses que ce à quoi on s'attendait. Je pense même que, sur le plan institutionnel, il n'y a pas uniquement des gens qui veulent « bouffer » le communautaire, parce qu'il y a du communautaire qui s'est implanté par la volonté de l'institutionnel. J'admets qu'à ce moment-ci, il y a plus d'institutionnel qui veut bouffer le communautaire que le contraire.

Soyons très clairs ! Il y a une culture à développer, parce que le communautaire peut devenir menaçant pour l'institution ! Je pense qu'il ne faut pas se cacher ces choses-là. C'est la vérité de tous les jours ! Mais je pense qu'il faut tirer davantage profit de ce que l'institutionnel a lui-même admis en créant des organismes communautaires pour dispenser des services qu'il n'avait pas les moyens de dispenser lui-même. Moi, je préfère développer cette orientation-là que de développer celle qui « bouffe » le communautaire. J'ai toujours été clair là-dessus et je continue de l'être ! Si je puis faire plus que ce que je fais maintenant pour le communautaire, je vais le faire ! Prenons un exemple — qui est complètement en dehors du domaine de la santé mentale — soit celui des centres d'hébergement pour femmes violentées. Dans une période de restriction budgétaire, on a ajouté 6,5 millions $, en passant de 12, 15 à 21 millions $. C'est tout de même une augmentation assez substantielle, sur un plan triennal avec tout ce que ça comporte. Je suis fier de ça, parce que, demain matin, si on avait recours à l'institutionnel, il est clair que ça coûterait plus cher ! Cependant, ce qu'il faut se dire, c'est que, rendu à un certain point, il faut faire attention pour que le communautaire ne devienne pas lui-même institutionnel. C'est toujours ce que j'ai dit moi : « Oui, il faut supporter le communautaire ». Je m'en suis servi à quelques occasions et je continue de m'en servir. « Les messagers de l'espoir ! » Une petite madame est venue me voir pour me dire ce qu'elle faisait et me demander d'envoyer des gens la visiter ! Il est clair que si j'envoie un psychiatre, il va avoir un jugement assez sévère, mais l'entraide, la famille, c'est tellement important ! Ce sont des petites actions comme celles-là qui ne me coûtent pas cher. Je pense que le Ministère lui donne 4 000 $. C'est pas ça qui va « ébranler les colonnes du temple » sur le plan financier. Il a de multiples exemples; vous pourriez certainement m'en donner d'autres. Mais il faut vraiment que le sillon devienne rivière. Cela peut se faire aussi avec la collaboration de l'institutionnel. Mais il faut prendre garde aux « renards » qui auraient une tendance à vouloir « bouffer » le communautaire.

NPS – *Mais au-delà de son caractère économique, le communautaire c'est aussi une somme d'expertise qui met l'institution au défi de l'innovation. Comment s'assurer, compte tenu de la force relative des uns et des autres, que le partenariat ne s'établisse pas à sens unique, c'est-à-dire que l'on n'assiste pas à l'extension tous azimuts de l'institution dans la communauté?*

MYC – Prenons un exemple, le dossier L.-H. Lafontaine. Lorsqu'on propose d'humaniser l'institution en créant trois blocs de clientèle différents — centre d'accueil de réadaptation, centre d'accueil d'hébergement et unité psychiatrique comme telle —, alors là, évidemment, tu te confrontes au corporatisme assez fortement implanté. Mais ma manière à moi est empreinte d'une vision communautaire au lieu d'une vision carrément institutionnelle. Le budget, dévolu par le SOC et que le Ministère attribue lui-même aux régies régionales devra être transféré au niveau régional. Il s'agit d'un budget qui ne passe par aucune institution. Quand on parle de PROS en santé mentale, l'idée était, bien sûr, de faire en sorte qu'on puisse avoir des sommes d'argent qui, elles aussi, répondent au même objectif. Est-ce que ça signifie pour autant qu'on sera capable demain matin de mettre fin aux expériences de Louis H., de Douglas, ou de Robert Giffard?

Quant à prendre ces budgets pour développer du communautaire, je ne suis pas sûr qu'on en soit capable ! Aujourd'hui, si l'institutionnel veut occuper ce terrain, c'est sous la pression des réalisations du communautaire. J'ai toujours beaucoup de plaisir à jaser avec Lucien Landry[3], qui est pour moi un exemple assez extraordinaire d'intégration à la communauté, de défense de certaines valeurs et des droits du bénéficiaire. Cela à un point tel que certains psychiatres de Louis-H. ont dit : « Bien, le Ministre préfère parler à Lucien ». Ça ne me dérange pas plus qu'il faut, parce que Lucien est sorti de Louis-H., alors que certains psychiatres n'en sont pas sortis.

Mais il y a encore du travail à faire ! Il faut continuer à être vigilant. Je m'inspire de la vigilance des organismes communautaires. C'est la raison pour laquelle ils auront droit au chapitre, avec leur 20 % des sièges au conseil d'administration de la régie régionale. Ça veut dire l'accès à tous les documents. Ça veut dire un droit de parole. Ça veut dire un droit de vote. Ça veut dire des alliances possibles avec d'autres 20 %, d'autres parties de 20 %. Ça veut dire aussi une démonstration évidente que le communautaire coûte moins cher que l'institutionnel. J'imagine l'effet que cela pourra avoir sur les « socio-économiques », qui seront à même d'évaluer l'effet bénéfique de ces mesures et même de remettre en question un certain nombre de nos pratiques. Jusqu'à maintenant, une des difficultés du réseau, c'était de dire : « Il faut que tu boucles ton budget ! » Si tu as 114 millions $, comme Louis-H., il faut que tu boucles ton année avec toute cette somme. Si tu ne le dépenses pas, peut-être que l'année prochaine ils vont t'en enlever ! Donc, c'est une incitation à dépenser, alors qu'il faudrait dire aux gens : « Vous avez un budget. Ne venez pas m'en demander un additionnel ». Par contre, si vous faites des économies, vous pourrez avoir des initiatives. C'est la même chose au plan de la régie régionale. Si la régie régionale, par exemple, fait des économies sur le plan institutionnel, le conseil d'administration de la régie pourra décider de réutiliser ces sommes économisées, de les réallouer, pourquoi pas, dans le communautaire. Alors qu'aujourd'hui, même si ces situations-là peuvent se présenter à l'occasion, le communautaire n'est même pas à la table pour exprimer son point de vue et faire valoir que cet argent-là donnerait plus d'effet chez eux qu'ailleurs !

---

3 . Président du Comité des bénéficiaires du Centre hospitalier Louis H. Lafontaine.

NPS – *N'est-ce pas là un grand défi?*

MYC – C'est un maudit beau défi ! Et j'ai déjà dit qu'en quittant la politique, si Dieu me donne la santé, je vais m'impliquer dans les organismes communautaires. J'aimerais bien me retrouver dans une régie régionale pour défendre le communautaire. Il y a des établissements institutionnels qui se feraient brasser !

NPS – *Ce qui demeure inquiétant pour le communautaire, c'est le sens que l'on donnera aux notions de « complémentarité » et de « services », chères à l'esprit de la réforme. Ne doit-on pas craindre une certaine modélisation de nos ressources inspirée du modèle institutionnel?*

MYC – Je ne suis pas sûr, même si je sais que le communautaire a très peur de ça. C'est peut-être une bonne affaire qu'il ait peur, puisque son inquiétude peut le motiver davantage pour défendre son intérêt et son idéologie. Ce débat-là était déjà présent avant la réforme. Éventuellement, c'est peut-être toutes ces sommes d'argent dues au communautaire qui devront devenir complémentaires. Il y a eu une évolution grâce aux discussions avec les organismes communautaires. En cours de route, on a été amené à dire que le SOC sera maintenu tel quel. On le transfère et on le garantit. Deuxièmement, on inscrit dans la Loi que les organismes communautaires sont libres de leur orientation. Ça n'a jamais été inscrit dans une loi. Ça l'est dans la Loi 120.

Cela signifie, pour les organismes communautaires, un budget qui va croître aux cours des prochaines années jusqu'à un horizon de plus ou moins 100 millions $. C'est pas de la petite bière ! On atteindra l'an prochain plus ou moins 67 millions $ investis dans le communautaire et on va atteindre 100 millions $ d'ici 5 ans; 100 millions $, c'est le budget de Louis-H. Lafontaine !

NPS – *Mais comparativement à tout ce qui est consenti au réseau institutionnel et cela, depuis longtemps, les ressources octroyées au communautaire ne demeurent-elles pas modestes?*

MYC – C'est peu en effet, j'en conviens parfaitement. Mais on progresse. L'objectif, bien sûr, n'est pas de faire en sorte qu'on se retrouve avec autant d'argent dans le communautaire que dans l'institutionnel, parce qu'ainsi on en viendrait à créer une autre institution. Alors, cette progression-là est assez importante. Quand on a fait le débat sur le communautaire, on a accepté de maintenir le budget du SOC et même d'en ajouter. La liberté qu'on a, nous, c'est de vous subventionner ou pas. Il nous apparaît normal, pour les sommes qui seront ajoutées en plus du budget du SOC de dire : « Il faudra que ça se fasse de manière complémentaire ». Est-ce que « complémentaire » ça signifie épouser la philosophie de l'institutionnel? Pas une maudite minute ! C'est pas ça qu'on veut dire. Complémentaire ça veut dire qu'une institution qui, demain matin, a des budgets et qui veut se servir d'une partie de ces budgets pour offrir du support dans la communauté, pourrait faire appel au communautaire et là à ce moment-là le communautaire accepte ou refuse bien sûr selon sa philosophie. Si l'institutionnel approche un organisme communautaire, avec 40 000 ou 50 000 $ à investir dans du support à la communauté, j'imagine qu'ils vont aussi respecter une partie de la philosophie des ressources. Si les deux parties conviennent de quelques petits réajustements à faire, ce sera d'un commun accord. Il n'y a personne de brimé à ce moment-là.

NPS – *Pour terminer, à propos du système d'informatisation en santé mentale (SISM), certains s'inquiètent en y voyant une menace à leur vie privée. On connaît les objectifs du SISM : déterminer quels services sont donnés et à qui. Il s'agit de s'organiser de façon à ne pas doubler, ni multiplier les services. Mais, répond-on à ça dans la communauté, notamment chez les groupes d'usagers, les diagnostics en santé mentale, en psychiatrie, sont certainement beaucoup moins sûrs que dans d'autres types de médecine. Lors du dernier congrès international de psychiatrie tenu à Genève en septembre dernier, on aurait ainsi évalué que le taux de fiabilité des diagnostics en psychiatrie était inférieur à 50 %[4]. De plus, plusieurs ex-psychiatrisés ont fait l'expérience de voir interpréter tous leurs symptômes, une grippe, une allergie ou des maux de tête à travers le diagnostic de leur vieux dossier psychiatrique. Bref, l'informatisation « mur à mur » ne menace-t-elle pas les droits de la personne?*

MYC – On parle davantage du système de micro à carte, de microprocesseur. Ainsi en est-il pour l'expérience pilote qui est en cours à Rimouski, pour 18 mois, avec toute une série de clés — assurant la confidentialité —, parce que moi aussi je suis un peu méfiant des systèmes informatiques. On nous les vend toujours comme étant très exceptionnels. Ainsi, ils sont supposés permettre de faire des recoupements, de garantir la confidentialité quant à l'accessibilité sur le plan de l'information, ce que j'appelle des systèmes de clés. J'ai vu dernièrement le système IBM qui est en opération au Centre hospitalier universitaire de Sherbrooke et j'ai vu celui qui est au Centre Anna Laberge avec des clés. Il me semble y avoir là une certaine sécurité; mais l'on ne peut pas progresser dans l'implantation d'un tel système sans obtenir l'accord total de la Commission d'accès à l'information. C'est une expérience qui est en cours et la Commission d'accès à l'information suit l'expérience de près. La journée où cette Commission nous dira « [qu']il y a des renseignements sur les personnes qui peuvent être iden-

---

4 . « Où va la psychiatrie ? », *Le courrier de Genève*, septembre 1991.

tifiées créant certains problèmes », c'est fini ! Moi je ne vais pas jouer avec ça du tout. Je n'ai pas d'intérêt en ce sens. Cependant, au plan des avantages, il faut considérer la continuité et la qualité des services dispensés. Il n'y a pas que des mauvais côtés. Par exemple, si vous êtes un citoyen de Québec en visite à Rimouski et que vous vous présentez devant un médecin, que vous avez des problèmes cardiaques, qu'en plus vous êtes allergique, que votre dossier est à l'hôpital Laval de Québec et que les médecins de Rimouski ne connaissent pas votre allergie, on peut penser que vous allez avoir des problèmes. Si vous avez votre carte sur laquelle sont indiquées ces allergies ou d'autres problèmes de santé, vous obtenez un diagnostic immédiat. Par conséquent, l'action médicale sera plus appropriée et favorisera la continuité et la qualité des soins. Il y a des avantages certains. Mais, il ne faut pas que ça se fasse au détriment des renseignements même nominatifs. C'est clair qu'il faut protéger la vie privée des individus. Évidemment, il faut quand même admettre aujourd'hui que n'importe quel professionnel peut avoir accès à votre dossier.

J'étais dans un établissement où je me suis fait soigner et où c'était encore bien moins sécuritaire. Aucun système de cartes à micro-processeur ou qui nécessite une clé pour pénétrer tel coin du dossier. Ainsi, aujourd'hui une infirmière ou n'importe quel professionnel, peut aller dans les postes de garde et, si le dossier est là, avoir accès à l'ensemble de votre dossier. La carte micro-processeur y mettrait des verrous. Si tu es un psychiatre, tu vas avoir accès à ce qui te concerne. Si tu es infirmière, tu vas avoir accès à un certain nombre de choses. Si tu es pharmacien aussi et ainsi de suite. Le pharmacien, par exemple, constate que le médecin a prescrit tel médicament, que le patient prend déjà tel autre et que l'effet combiné des deux est nocif. Alors le pharmacien téléphone au prescripteur pour lui dire : « Voici, ce que je te conseillerais… ». En conséquence, tu n'as pas de cocktail Molotov qui explose chez l'individu et, en santé mentale, Dieu sait que cette mesure pourrait souvent être utile. Mais il faut faire attention. Le diagnostic devient important pour éviter les effets multiplicateurs. Pour moi, il n'est cependant pas question de donner mon aval à cette expérience-là si les garanties nécessaires ne sont pas données quant au respect des droits de la personne.

NPS – *Sur le plan de la santé mentale, c'est un peu délicat, parce que le dossier de santé mentale suit l'individu comme un casier judiciaire.*

MYC – Vous soulevez là un bon point. Je vais prendre une petite note, parce que, dans l'expérience de Rimouski, il s'agit de clientèles spécifiques, par exemple des mères et des enfants, des femmes qui accouchent, des gens avec des problèmes cardio-vasculaires. En outre, il y a la population de St-Fabien en totalité. Les gens adhèrent, s'ils le veulent, à l'expérience. Je ne suis pas sûr que certains des éléments que vous évoquez aient été considérés comme tels.

NPS – *Avec la réforme et la régionalisation, est-ce que les regroupements régionaux de ressources passent plus ou moins sous la responsabilité des régie régionales et est-ce que ces dernières auront les moyens financiers de les soutenir?*

MYC – On s'est retrouvé dans une situation où, effectivement, sur le plan des PROS, personne n'avait prévu qu'on pourrait faire des allocations budgétaires aux organismes communautaires à partir des sommes d'argent allouées aux PROS. Alors ça n'avait aucun maudit bon sens ! Il faut qu'on ouvre cette possibilité-là. Comme je ne peux pas l'imposer, j'ai souhaité, de manière non équivoque, qu'on tienne compte de la philosophie de la réforme. Il reste encore pas mal de travail à faire. L'institutionnel a toujours peur de se faire enlever des morceaux aussi et, dans les CRSSS, on a plus de personnel qui provient de l'institutionnel que du communautaire. Tu peux demander demain matin : « Dis-moi donc, au CRSSS de Montréal, combien de gens ont été formés dans le communautaire ? »

Vers un nouveau paradigme du changement social ?

Henri Dorvil
Université du Québec à Montréal

Jean Gagné
Maison Saint-Jacques

L'idée de présenter dans ce numéro un dossier « santé mentale » nous apparaît opportune au moment où s'implante au Québec une vaste réforme de la santé et des services sociaux. D'une part, la revue *Nouvelles pratiques sociales*, comme son nom l'indique, s'intéresse en priorité à l'innovation des pratiques dans le champ social et sanitaire et, d'autre part, la nouvelle *Politique de santé mentale* (Lavoie-Roux, 1989), de l'aveu même du ministre Marc-Yvan Côté, constitue le modèle qui inspirera toute cette réforme (voir dans ce numéro notre entrevue avec le ministre responsable). Dans ce contexte, un bref tour d'horizon de l'état de ce champ social, ne pouvait, à notre avis, que convenir à un lectorat attentif aux impacts des politiques sociales sur les pratiques de terrain. Qu'il s'agisse de comptes rendus de recherche ou de récits de pratiques, les quelques articles qui composent ce dossier ont précisément la particularité de concrétiser les grandes problématiques qui confrontent aujourd'hui les praticiens en santé mentale : désinstitutionnalisation, transinstitutionnalisation, potentiel innovateur des ressources alternatives et capacité d'accueil de la communauté. C'est sur cette trame de fond que s'inscrivent les articles de ce dossier préparé peu avant la mise en place des structures consultatives prévues pour assurer la bonne marche de la nouvelle politique.

Au delà de la régionalisation et de la reconnaissance des organismes communautaires, l'enjeu majeur de la réforme consiste désormais à placer les intérêts de l'usager au cœur même du réseau. « Je suis une personne, non une maladie », disaient les patients psychiatriques aux membres du Comité de la politique de santé mentale dirigé par le psychiatre Gaston Harnois (1987). Une des conclusions de la Commission Rochon (1988) faisait écho à cette déclaration. Le système, pouvait-on lire, était « pris en otage » par les groupes d'intérêts qui s'en partageaient la gestion. L'enjeu de la réforme, à laquelle participe la nouvelle politique de santé mentale, était donc de taille : faire émerger de nouveaux espaces d'action dans un système sclérosé ou, pour parler comme Bourdieu (1980), dans un champ social où toutes les positions profitables sont déjà occupées par des agents et institutions de telle manière que tout nouvel entrant y serait condamné à l'orthodoxie.

D'aucuns auront reproché à cette réforme de ne s'adresser qu'aux structures tout en faisant l'économie d'un débat sur les fondements des interventions qu'elle veut corriger (Guay, 1991). La reconnaissance du secteur communautaire et l'invitation qui lui est faite de participer à la planification des services instaurent toutefois un précédent historique dans ce champ d'activités. Pour une première fois au Québec, d'importantes structures consultatives ne sont plus dominées par les seuls professionnels du réseau (Morin, 1992). Pour les uns, il s'agit d'une ouverture démocratique aux revendications populaires, tandis que pour les autres ce n'est là qu'une manœuvre du gouvernement pour réduire ses frais en s'inféodant les organismes communautaires réputés être des producteurs de services « à bon marché ». Dans une perspective comme dans l'autre, l'inscription par le Ministre de ces ressources communautaires en tant que partenaires des professionnels, syndiqués et administrateurs du réseau devrait néanmoins avoir pour effet de provoquer une crise salutaire dans le champ de la santé mentale au Québec. Le régime, bloqué par la « corporisation » extensive de ses intervenants, voit ainsi son vieil équilibre mis en péril par l'homologation de nouveaux aspirants légitimes aux bénéfices spécifiques offerts par ce champ social (emplois, prestige ou autorité). Dès lors, le système est agité de nouveaux mouvements, les rôles respectifs des différents acteurs sont remis en jeu et la réorganisation est commandée dans une atmosphère de compétition. Le problème sera de s'assurer que l'enjeu de cette concurrence ne soit pas l'appropriation du client par l'un ou l'autre des distributeurs de services, mais bien la satisfaction de la demande d'aide exprimée par des personnes. Comme l'indiquent cependant Crozier et Friedberg (1977), l'action des acteurs dans toutes les organisations humaines échappe le plus souvent aux intentions des planificateurs. Ces dernières produisent des effets non désirés, parfois indésirables ou « pervers ». De là le décalage flagrant entre les attentes des acteurs, principalement les patients psychiatriques, et les finalités du système. L'article de Paul Morin, publié dans le dossier, s'intéresse à cette difficulté au chapitre particulier de l'hébergement des personnes psychiatrisées dans la communauté. L'auteur nous propose là une réflexion sur la dimension sociospatiale de l'insertion communautaire. Ce questionnement, jusqu'ici à peu près absent du débat, met en lumière le danger du recours à une définition « technicienne » de la communauté, ainsi que des besoins de logement de la population visée, qui aurait déjà donné lieu à une nouvelle forme de ségrégation là où on voulait précisément l'éliminer.

Selon l'adage, il faut qu'une porte soit ouverte ou fermée. Autrement dit, la question qui se pose est de savoir si, une fois entrés dans les officines tripartites, les « experts » du communautaire et du réseau ne verront pas se refermer derrière eux la porte et, avec elle, leurs liens organiques avec les milieux de la pratique d'où ils proviennent. Utilisons une des lois de la thermodynamique pour illustrer les conséquences possibles d'une telle fermeture. Formulée grossièrement, cette loi consiste à prédire l'« entropisation » (ou la désorganisation) de tout système physique fermé, sans échange avec son environnement (Atlan, 1979). Autarcique, un tel système en vient à réduire son mode organisationnel à la redondance. C'est l'image de la goutte d'encre qui se diffuse dans un baquet d'eau : à la fin le mélange est homogène mais inerte, seule une intervention extérieure pourrait désormais en permettre l'évolution. Par contre, les systèmes ouverts ont l'avantage de se développer en profitant de l'interrelation de composantes étrangères, voire hostiles, et en s'adaptant ainsi à leur environnement lui-même en mouvance. Prolongeant cette métaphore empruntée à la biologie, on peut se demander si la programmation des objectifs du partenariat, à partir des priorités établies par le Ministère qui balisent les voies et le mode de collaboration entre les acteurs sur le terrain, ne contreviendrait pas à l'émergence de nouvelles problématisations issues de la confrontation des expertises variées entre ces nouveaux partenaires ? Le quadrillage des Plans régionaux d'organisation de services (PROS), du Système d'informatisation de la santé mentale (SISM) et des Plans de services individualisés (PSI) ne risque-t-il pas d'étouffer l'humanisation souhaitée de la relation d'aide ?

On pourrait poser autrement la question et se demander si après 150 ans d'institutionnalisation de ses membres en difficulté, la communauté est aujourd'hui prête à réassumer ses anciennes prérogatives d'éducation, de disciplinarisation et de support ? Rompre avec le « clientélisme » qui ne considère la personne que comme un consommateur de services, signifie aussi la création de liens conviviaux adaptés au contexte culturel et économique des années 90. Or, ce « mandat » ne peut être accepté par la communauté sans que cette dernière ne participe aussi à son orientation. Autrement dit, le véritable partenariat se fonderait plus sur un *continuum* d'alliances consenties et mouvantes, plutôt que sur l'idée d'une complémentarité instituée et commandée de l'extérieur. L'article de White et associés qui identifie trois modèles de concertation (complémentarité, collaboration, alliance) devait nous renseigner sur cette question.

Dans ce même esprit, la demande qui est faite aux hôpitaux psychiatriques, à l'effet de réallouer leurs ressources vers le support et la création de services dans la communauté, suppose que les administrateurs de ces établissements accordent aux organismes communautaires la crédibilité suffisante pour se départir à leur profit d'une part de leur ancien mandat. Ajoutons à cette limite éthique, celle constituée par les contraintes difficilement contournables que sont les ententes syndicales ou contractuelles qui, nonobstant la réallocation, resteront à la charge des administrations des établissements. Il y a fort à parier que dans ce contexte, les institutions aient doublement tendance à définir elles-mêmes les services communautaires à mettre en place. La disparité des ressources des uns et des autres permet de craindre que la « communautarisation » souhaitée ne se traduise dans la réalité que par le prolongement de l'intervention institutionnelle dans la communauté, voire par la phagocytation des organismes communautaires incités financièrement à ne se développer qu'en fonction des PROS. À cet égard, l'article de l'équipe de la Maison St-Jacques publié aussi dans le dossier se veut un exemple des ressources communautaires qui, depuis plusieurs années, en sont arrivées à offrir un programme d'intervention clinique original et hors institution, que l'on ne saurait réduire aux seules dimensions de réadaptation et de réinsertion sociales.

On retrouvera dans le dossier plusieurs articles qui soulignent la difficulté qu'éprouvent les personnes désinstitutionnalisées à obtenir des services adaptés à leur situation. Le haut taux de réadmission des personnes ayant fréquenté les services psychiatriques témoigne de cette trop faible accessibilité aux ressources de la communauté. Les coûts entraînés par cette situation sont énormes non seulement sur le plan financier mais aussi et, sans doute, surtout, sur le plan humain. Les lieux de circulation des personnes présentant des problèmes de santé mentale se sont modifiés et ces dernières sont prises en charge par d'autres institutions tel le système pénal. L'article de Laberge et Robert nous révèle une autre face cachée d'une désinstitutionnalisation à rabais et mal planifiée.

Nous souhaitons que notre dossier stimulera la réflexion non pas dans le sens d'une totalitarisation des réseaux d'aide institutionnel, communautaire et convivial en un seul système, mais bien dans le sens de la promotion partout d'une attitude d'écoute face aux demandes variées des personnes confrontées à des problèmes psychosociaux culturels et économiques qu'on ne peut définir une fois pour toutes et surtout pour tous. Le virage communautaire proposé par les pouvoirs publics ne nous semble souhaitable et possible que dans la mesure où il se prendra dans le plus grand respect des « nouvelles pratiques sociales ». Les innovations, par définition, apparaissent sans avoir été planifiées par les structures et cette dynamique naturelle ne devrait pas être étouffée par excès de zèle technocratique. Cette ouverture à la véritable responsabilisation des acteurs sociaux serait, en conclusion, une alternative au mode traditionnel de changement social qui, défini par en haut, en vient presque inéluctablement à se situer en porte-à-faux par rapport à la réalité telle que vécue par les citoyens d'en bas.

Bibliographie

ATLAN, Henri (1979). *Entre le cristal et la fumée*, Paris, le Seuil.

BOURDIEU, Pierre (1980). *Questions de sociologie*, Paris, Les Éditions de Minuit.

COMMISSION D'ENQUÊTE SUR LES SERVICES DE SANTÉ ET LES SERVICES SOCIAUX (ou COMMISSION ROCHON) (1988). *Rapport*, Québec, Les Publications du Québec.

COMITÉ DE LA POLITIQUE DE SANTÉ MENTALE (ou COMITÉ HARNOIS)) (1987). *Pour un partenariat élargi, projet de politique de santé mentale pour le Québec*, Québec, Les Publications du Québec.

CROZIER, Michel et Erhard FRIEDBERG (1977). *L'acteur et le système*, Paris, le Seuil.

GUAY, Lorraine (1991). « Le choc des cultures : bilan de l'expérience de participation des ressources alternatives à l'élaboration des plans régionaux d'organisation des services en santé mentale », *Nouvelles Pratiques Sociales*, vol. 4, n° 2, automne, 43-58.

LAVOIE-ROUX, Thérèse (1989). *Politique de santé mentale*, Québec, Gouvernement du Québec, ministère de la Santé et des Services sociaux.

MORIN, Paul (1992). « La politique québécoise de santé mentale : espoir ou faux départ ? », *Santé mentale au Canada*, vol. 40, n° 1, 22-27.

❖ # La judiciarisation de la maladie mentale : Profil des personnes accusées devant la cour municipale de Montréal *

Danielle Laberge

Marie Robert
Groupe de recherche et d'analyse sur les politiques
*et les pratiques pénales***
Département de sociologie, UQAM

Les rapports entre maladie mentale et criminalité ont été analysés sous de nombreux angles. La problématique privilégiée dans le présent article fait ressortir que les situations ou les comportements problématiques n'appartiennent pas « naturelle-ment » à un modèle de contrôle social plutôt qu'à un autre. De façon précise, les auteures se sont penchées sur le traitement

*Les résultats présentés ici sont tirés d'une recherche plus importante subventionnée par le CQRS. Les membres de l'équipe ayant participé à ce travail sont Pierre Landreville, Daphné Morin, Nicole Soulières et Pauline Morissette.

**Le GRAPP bénéficie d'une subvention de soutien aux équipes du FCAR et d'un soutien du Programme d'aide aux chercheurs et aux créateurs de l'UQAM.

judiciaire des personnes souffrant de problèmes de santé mentale. Elles tentent de mieux comprendre la dynamique d'intervention du système pénal pour les individus dont le comportement aurait pu aussi bien être défini en termes de déviance ou de pathologie qu'en termes de délinquance, et pour ce faire, elles optent pour une description quantitative des caractéristiques de ce groupe particulier de justiciables. Elles poursuivent un double objectif : d'une part, familiariser les intervenantes et intervenants sociaux à cette problématique et, d'autre part, fournir un premier portrait de cette population particulière ainsi que de son cheminement judiciaire.

Les rapports entre maladie mentale et criminalité ont été analysés sous de nombreux angles. Dans une perspective étiologique, la question principale est de savoir s'il existe un lien causal entre l'une et l'autre situation. Par ailleurs, les rapprochements ont aussi été faits au plan des modes d'intervention liés à l'une et l'autre situation et à l'interpénétration entre ces modes spécifiques : la place du discours et de la logique psychiatriques dans le fonctionnement de la justice et, inversement, l'utilisation de la justice dans les interventions psychiatriques. Le travail que nous présentons ici s'inscrit dans une troisième perspective selon laquelle les situations ou les comportements problématiques n'appartiennent pas « naturellement » à un modèle de contrôle social plutôt qu'à un autre. De façon précise, nous nous sommes penchées sur le traitement judiciaire des personnes souffrant de problèmes de santé mentale. Nous souhaitions mieux comprendre la dynamique d'intervention du système pénal pour les individus dont le comportement aurait pu aussi bien être défini en termes de déviance ou de pathologie qu'en termes de délinquance.

Dans le cadre de cet article, nous opterons pour une description quantitative des caractéristiques de ce groupe particulier de justiciables. Les données présentées constituent une bref survol du volet quantitatif d'une recherche que nous avons menée à la cour municipale de Montréal en 1990 et 1991. Dans ce domaine, les études sont aussi rares que la problématique est urgente[1]. L'objectif poursuivi ici est double : d'une part, familiariser les intervenantes et intervenants sociaux à cette problématique et, d'autre part, fournir un premier portrait de cette population particulière ainsi que de son cheminement judiciaire.

---

1. Dans ce domaine on retrouve principalement les travaux menés au cours des dernières années par S. HODGINS et par Y. LEFEBVRE.

LA JUDICIARISATION DES PERSONNES
SOUFFRANT DE PROBLÈMES DE SANTÉ MENTALE

Les images largement répandues dans le public, mais aussi chez de nombreux intervenants sociaux, font des justiciables qui sont pris en charge et condamnés par le système des « bandits », des « criminels endurcis », des « récidivistes notoires », des « individus dangereux ». Si une telle clientèle existe – et il faudrait ici introduire de très nombreuses nuances dans l'utilisation des termes – elle ne constitue pas la plus forte partie du contingent des justiciables, que ce soit au niveau des contacts avec la police, des tribunaux ou même des incarcérations.

Le vaste contentieux des affaires criminelles et pénales est composé de délits sans gravité, comme le vol simple, le vol à l'étalage, l'acquisition frauduleuse de vivres, la conduite en état d'ébriété, etc. Pourtant, une fois reconnu coupable, le justiciable devient un délinquant, sans distinction du type de comportements à l'origine de la poursuite. Les conséquences de ce processus d'étiquetage sont d'une intensité variable pour les personnes qui les vivent, mais elles s'inscrivent immanquablement sur un registre négatif (Landreville et al., 1981). Dans le cas plus particulier de la clientèle qui fait l'objet de notre étude, ces contacts pénaux sont susceptibles de lui restreindre l'accès à des services de santé, voire de l'en priver. Les contacts avec la justice constituent un motif, souvent explicite, pour refuser des soins à certaines personnes.

De façon plus globale, nous avons identifié trois types de réactions quant à la judiciarisation des personnes souffrant de problèmes de santé mentale. Dans un premier type de cas, c'est la crainte, l'inquiétude et parfois même le refus de traitement qui dominent : on associe ici criminalité et dangerosité, sans tenir compte de la nature de la criminalité qui a entraîné l'intervention judiciaire. Cette perception se retrouve assez fréquemment chez les intervenants et intervenantes du domaine médico-psychiatrique. L'autre type de réaction souligne plutôt le caractère inadéquat, pour ces personnes, de l'intervention pénale : ce sont des malades et non des délinquants. Ces justiciables perturbent le fonctionnement de l'appareil judiciaire et sont une source de problèmes et de tension dans les institutions carcérales. Un troisième type de réaction consiste à reconnaître les problèmes véritables de santé mentale de ces personnes, mais à croire que le contact pénal est nécessaire à l'amélioration de leur état de santé : les malades ont besoin d'être responsabilisés ou punis.

MÉTHODOLOGIE DE LA RECHERCHE

Les données que nous présentons proviennent d'une recherche comprenant plusieurs volets, dont un volet quantitatif visant à esquisser un premier portrait des caractéristiques de cette population particulière, à la cour municipale de Montréal. Le choix de cette instance judiciaire s'explique par le type de problématique que nous souhaitions étudier. Dans la région de Montréal, deux tribunaux entendent la majorité des affaires criminelles et pénales : la Cour du Québec, chambre criminelle et pénale[2] et la cour municipale de Montréal[3]. Cependant, les affaires entendues dans chacune de ces instances ne présentent pas les mêmes caractéristiques. Si ces deux instances ont une juridiction commune sur certaines causes, dans l'ensemble, les affaires pénales gérées par la cour municipale sont de peu de gravité. En choisissant la cour municipale, nous éliminions la possibilité même de tomber sur des cas sensationnels, pour nous concentrer sur des situations où la problématique « criminalité » n'était pas évidente.

La seconde décision concernait le mode de repérage des cas. Nous avons sollicité l'aide des principaux intervenants (policiers, procureurs de la défense, procureurs de la poursuite) afin qu'ils nous signalent chaque semaine tous les justiciables qui, selon eux, souffraient de problèmes de santé mentale, que ces problèmes entrent ou non dans le cadre des définitions juridiques[4]. L'ensemble des cas ainsi rapportés a constitué notre population d'étude. Nous n'avons pas voulu faire de sélection subséquente parmi ces cas, en utilisant des critères de validation psychiatrique, par exemple. En effet, du point de vue de la dynamique particulière d'intervention au niveau de la police et du tribunal, ce n'est pas tant la présence ou la nature d'un diagnostic psychiatrique qui importe, mais bien plutôt la perception d'un problème vécu par le justiciable. Au cours des six derniers mois de 1990, nous avons ainsi obtenu les noms de 238 personnes dont nous avons suivi le cheminement judiciaire jusqu'à l'issue des procédures intentées contre eux[5]. Nous avons poursuivi la

---

2. Anciennement connue sous le nom de Cour des sessions de la paix

3. Pour l'instant, c'est à Montréal que l'on retrouve cette double juridiction.

4. Le droit prévoit deux situations où la santé mentale de la personne accusée doit être examinée: l'examen d'aptitude à subir son procès (c'est-à-dire la capacité qu'a la personne de comprendre ce qui lui arrive dans le cadre d'un procès) et la défense d'aliénation mentale (c'est-à-dire l'invocation de l'état mental de la personne accusée lors de la commission du délit qui la rendrait irresponsable de son geste). Ces questions sont d'une très grande complexité sur le plan du droit et leur présentation est ici extrêmement simplifiée.

5. Du moins dans le cadre de l'affaire en cours au moment où ils étaient portés à notre attention. Certains des justiciables ont fait l'objet de nouvelles accusations pendant notre période d'observation ou encore avaient plusieurs affaires en cours de procédures. Nous nous sommes limités pour des raisons méthodologiques à la cause d'origine.

cueillette d'informations, sans retenir de nouveaux cas, au cours des six premiers mois de 1991, ceci étant rendu nécessaire par la durée des procédures. Pour l'ensemble des cas à l'étude, nous avons obtenu des informations dans les dossiers suivants : demandes d'intenter des procédures, dossiers de la cour municipale, rapports présentenciels, dossiers d'évaluation psychiatrique[6].

LE PROFIL DE LA POPULATION

La description d'un certain nombre de caractéristiques des justiciables à l'étude peut se faire selon plusieurs optiques. Étant donné l'absence quasi complète d'informations au sujet de cette catégorie de justiciables, nous visons avant tout à dresser un portrait faisant ressortir les caractéristiques particulières de cette population.

Les caractéristiques sociodémographiques

Notre population se distingue à certains égards du profil d'ensemble des justiciables, alors qu'à d'autres titres elle lui ressemble. C'est au chapitre de l'âge et du sexe que l'on observe des différences notables. Dans l'ensemble, les personnes ayant des contacts avec le système pénal sont jeunes, une très forte cohorte étant composée de très jeunes adultes, quasi exclusivement des hommes. Les justiciables de la cour municipale que nous avons étudiés sont, dans l'ensemble, plus âgés et on y retrouve une importante proportion de femmes. En effet, le groupe est composé de 30,3 % de femmes et de 69,7 % d'hommes.

Cette information nous semble tout à fait essentielle et nous nous permettons d'insister. Quelle que soit l'étape du processus pénal que nous utilisions comme point de référence, la proportion de femmes n'est jamais aussi élevée que celle que l'on retrouve dans le groupe à l'étude. Ceci peut s'expliquer par un ou plusieurs facteurs. Notre mode de sélection des sujets, fondé sur la perception des intervenants, peut aussi refléter le point de vue plus général des intervenants quant à la marginalité des femmes. En effet, une interprétation largement répandue a tendance à faire de la déviance ou de la criminalité des femmes un signe de leur maladie mentale. Nous croyons pourtant qu'il ne s'agit pas ici d'un simple biais de sélection, mais plutôt du reflet

---

6. Cette cueillette a été complétée par des observations au tribunal lors de la comparution de certainsjusticiables, par des entrevues informelles et formelles avec les policiers du service social de la police de la communauté urbaine, les procureurs de la défense et de la couronne, le criminologue et le médecin attachés au tribunal.

de pratiques différentielles de définition et de prise en charge de la marginalité selon le sexe des justiciables. Faute d'espace, nous ne procéderons pas ici à une analyse comparative systématique et nous porterons plutôt notre attention sur le caractère déterminant de la maladie mentale dans le traitement judiciaire[7].

Le suivi des trajectoires judiciaires de chaque individu nous a permis de constater que l'âge moyen au moment de leur entrée dans le système judiciaire est de 35,1 ans. Pour l'ensemble de la population, la médiane est de 33 ans. Le lieu de concentration des effectifs est le groupe d'âge des 29-31 ans, suivi de près par les 26-28 ans. Si l'on compare notre population aux groupes que l'on retrouve habituellement dans le système judiciaire, la faible proportion des individus les plus jeunes ne manque pas d'étonner. En effet, il y a une très forte concentration de personnes de moins de 25 ans parmi l'ensemble du contentieux pénal. Même en comparant à des populations qui s'apparentent à notre groupe, la représentation élevée des individus les plus vieux est indéniable. Ainsi, les résultats d'une étude d'Yvon Lefebvre *et al.* (1986), réalisée à partir d'un échantillon représentatif d'individus en détention provisoire et reconnus comme ayant des antécédents psychiatriques, nous apprend que sa population d'étude est relativement jeune : 77 % ont moins de 35 ans comparativement à 52,9 % pour notre groupe.

Par contre, il ne faudrait pas sous-estimer la présence des jeunes. En effet, contrairement à certaines hypothèses, ce ne sont pas seulement, ou même principalement, les malades ayant été déshospitalisés après de longs séjours que l'on retrouve dans le circuit justice-psychiatrie, auquel on associe parfois celui de l'itinérance.

L'examen des sources de revenus du groupe de justiciables à l'étude confirme ici les pires attentes et permet d'illustrer le caractère extrêmement précaire de leur situation. Les revenus d'assistance gouvernementale (prestations du Bien-être social, de l'assurance-chômage, rentes et pensions) constitue la source de subsistance pour 77 % d'entre eux.

Cette situation correspond au tableau plus général brossé dans plusieurs études récentes portant sur des populations précaires ou faisant l'objet d'intervention de contrôle[8]. À cet égard, l'isolement et l'absence de ressources personnelles et sociales sont clairement ressortis de l'étude plus approfondie de nos cas.

---

7. Des travaux dans ce sens sont actuellement en préparation et devraient paraître sous peu.

8. Voir entre autres les travaux de COMTOIS (1987), LECOMTE (1984), LESEMANN (1987), POIRIER et GAGNÉ (1989).

Tableau 1

DISTRIBUTION DES SOURCES DE REVENUS

SOURCE	N	%
Bien-être social	78	71,6
Travail	13	11,9
Autres*	7	6,4
Mendicité	5	4,6
Chômage	4	3,7
Rentes, pensions	2	1,8
Total	109	100,0
Données manquantes	129	

* Les revenus tirés d'autres sources sont ceux provenant de l'aide financière des parents ou de la famille, et de la prostitution. Nous avons également inclus dans cette catégorie toutes les personnes déclarées sans revenu.

L'histoire psychiatrique et pénale

Au-delà des caractéristiques sociodémographiques généralement recensées, l'histoire judiciaire et psychiatrique antérieure nous apparaît comme un volet essentiel à la définition de notre population tout autant qu'à la réflexion sur des avenues d'intervention adéquates. Les deux systèmes gèrent des clientèles selon des critères qui leur sont propres. Ceci n'implique nullement que des comportements et, plus largement, des individus en situation problématique ne relèvent que d'une seule compétence. Ainsi, au plan de l'interpénétration des systèmes, plusieurs cas de figure peuvent se présenter : absence de contact avec l'un ou l'autre système d'intervention ; contacts fréquents avec l'un des systèmes seulement ; contacts intenses avec les deux systèmes d'intervention.

Pour bien saisir cette variabilité dans la nature des contacts, il faut abandonner l'avenue administrative, c'est-à-dire ne faire qu'un décompte global des admissions, et procéder plutôt à une analyse axée sur les personnes prises en charge. Ce changement de perspective permet de saisir la fréquence variable du contact entre des individus et des systèmes de contrôle social. Une telle approche a été utilisée en ce qui concerne le système pénal et plus spécifiquement l'incarcération par M. Imbleau (1988), S. Roy (1990), S. Roy, D. Laberge et M.-M. Cousineau (1992). Leurs analyses montrent, qu'entre 1979 et 1985, les 289 700 admissions recensées dans les prisons provinciales du Québec se rapportent à un peu plus de 130 000 personnes différentes. C'est donc dire que certains justiciables ont fait l'objet de multiples interventions pénales. Cette même approche est retenue par H. Dorvil lorsqu'il analyse « Le syndrome de la porte tournante » (Dorvil, 1987 ; 1991). Ce phénomène irait d'ailleurs en s'accélérant au Québec, le nombre de réadmissions dépassant même le nombre de nouvelles admissions dans certains établissements (Harnois, 1987 : 165).

Cette dimension des contacts antérieurs avec l'un ou l'autre système est importante pour caractériser notre population. Près de la moitié de la population totale, soit 48,7 %, possédait un casier judiciaire antérieurement à l'infraction pénale faisant l'objet de l'étude. Ainsi, 116 justiciables possèdent un casier judiciaire et 61 n'en ont pas[9]. Rappelons qu'il s'agit d'une estimation conservatrice puisqu'il est possible pour un individu d'avoir été l'objet de condamnations sans pour autant avoir un casier judiciaire. Quant à l'importance de ces contacts, elle est variable. Le nombre de condamnations antérieures varie ainsi de 1 à 29. La majorité des individus de notre groupe ont fait l'objet de une ou deux condamnations. Néanmoins, certains individus semblent avoir des démêlés constants avec l'appareil judiciaire.

Nous avons vérifié s'il y avait une corrélation positive entre l'âge des justiciables et le nombre de condamnations antérieures. Or, il n'existe pas de lien direct entre l'un et l'autre. En effet, parmi les personnes ayant fait l'objet de une ou deux condamnations, on retrouve des personnes de tout âge. Par contre, les personnes ayant fait l'objet de nombreuses condamnations sont en général plus âgées, sans pour autant saturer le groupe le plus âgé.

C'est sous la rubrique des antécédents psychiatriques que toute la difficulté de définir adéquatement les problèmes de santé mentale se fait sentir. Deux indicateurs ont été utilisés dans le cadre de notre recherche. Le premier, sur lequel était basée la constitution de notre groupe d'étude, se rapporte à la perception de problèmes de santé mentale par les intervenants. Le second indicateur concerne l'identification par l'institution psychiatrique de problème de santé mentale. Pour évaluer les antécédents psychiatriques, nous avons donc retenu la présence d'hospitalisation(s) antérieure(s) ; un tel choix sous-estime, dans les faits, le nombre de personnes souffrant de problèmes de santé mentale. Malgré le caractère restrictif de ce critère, nous avons relevé 128 justiciables (53,8 %) ayant des antécédents d'hospitalisation psychiatrique.

Compte tenu de la politique de désinstitutionnalisation mise en œuvre au Québec depuis le début des années 70, la présence ou l'absence d'antécédents d'hospitalisation devrait varier en fonction de l'âge des justiciables.

---

9. Nous ne disposions pas d'informations concernant 61 justiciables.

Tableau 2
ANTÉCÉDENTS D'HOSPITALISATION SELON L'ÂGE

	Antécédents		
	oui	non	total
18-34 ans	58	68	126
35 ans et plus	70	39	109
Total	128	107	235

Comme on peut le constater, la probabilité d'avoir été hospitalisé est plus forte pour les justiciables de 35 ans ou plus que pour les plus jeunes. Il est toutefois important de noter que malgré le changement des politiques et des pratiques dans la dispensation des soins, nous retrouvons 45 % des justiciables de moins de 35 ans ayant déjà été hospitalisés.

Sur un total de 177 individus pour lesquels nous avons des données complètes sur les antécédents judiciaires et psychiatriques, nous retrouvons 40 % (70) de prévenus qui ont connu à la fois un séjour en milieu hospitalier et un passage dans le système pénal. Sensiblement le même pourcentage d'individus auraient eu des contacts seulement avec le système pénal (25 %) ou uniquement avec le système psychiatrique (22 %), alors que très peu d'individus pénètreraient dans le système judiciaire avec un passé exempt de tout antécédent, psychiatrique ou judiciaire, soit 12 % (22).

L'ÉVÉNEMENT ACTUEL

Au-delà du portrait que l'on peut tracer des caractéristiques personnelles des justiciables, c'est le motif de leur présence actuelle au tribunal qui apparaît comme essentiel pour mieux comprendre de qui il s'agit. L'examen plus précis de la nature des accusations et de leurs conséquences permet de mieux cerner le sens que prend ici la judiciarisation des personnes souffrant de maladie mentale.

Avant d'entrer dans le détail des résultats, il nous semble important de rappeler la confusion qui existe, pour de nombreuses personnes, entre délinquance et dangerosité. Comme nous le mentionnions précédemment, il y a une méconnaissance de ce qui constitue le gros des affaires pénales ; les raisons de contact avec la police et le tribunal sont gommées et l'on ne retient que la désignation criminelle. Cette dernière est largement chargée

TABLEAU 3

DISTRIBUTION DES CHEFS D'ACCUSATION

ACCUSATIONS	N	%
Vol (vol à l'étalage, obtention frauduleuse de vivres ou de transport, fraude)	69	29,0
Délits publics (mendicité, flânerie et/ou en état d'ébriété, atteinte à l'ordre public)	53	22,0
Méfaits	47	19,7
Voies de fait (sur un civil)	31	13,0
Moralité (attentat à la pudeur, communication avec prostitués, exhibitionnisme)	20	8,4
Voies de fait (sur agent de la paix)	15	6,3
Délits judiciaires (entrave, bris de condition, évasion, engagement à garder la paix)	15	6,3
Sollicitation	11	4,6
Harcèlement (intimidation, menace de mort)		
Règlement de métro	9	3,8
Autres	4	1,7
Donnée manquante :	1	

sur le plan affectif aussi bien que social et elle renvoie à des individus ou des situations perçues comme très dangereuses. C'est pour cette raison que de nombreux intervenants craignent la clientèle qui aurait une histoire pénale. Il nous semble d'ailleurs important de souligner l'image complémentaire de cette situation, la crainte ou le désarroi que suscitent, auprès des intervenantes et intervenants pénaux, les personnes souffrant de problèmes de santé mentale.

Comme on le voit à l'examen du tableau 3, les chefs d'accusation sous lesquels les individus de la population ont été inculpés sont pourtant reliés à des comportements de peu de gravité[10]. Les infractions se rapportant à la délinquance acquisitive constituent le contentieux le plus important (30 %). Les délits d'ordre public représentent un peu plus du cinquième des affaires (22 %), dépassant légèrement les méfaits (19,7 %). Ces deux catégories sont importantes, car elles recouvrent des comportements visibles et souvent perçus comme dérangeants ou choquants. En demandant l'intervention de la police dans ce type de situations, on met en branle le processus pénal. Bon nombre de citoyennes ou citoyens n'en demandent pas tant et souhaitent seulement que l'ordre soit rétabli.

Le cheminement judiciaire

Une mise en accusation devant un tribunal, même lorsqu'il s'agit d'une infraction de peu d'importance, n'est pas sans conséquence pour le justiciable. Plusieurs indicateurs peuvent être utilisés pour mettre en évidence ces conséquences. Le premier est sans conteste l'issue des procédures. La personne est-elle libérée des accusations ou, au contraire se voit-elle imposer une peine ? Lorsque peine il y a, de quelle nature est-elle ? La peine imposée ne résume pourtant pas à elle seule l'ensemble des difficultés et des contraintes subies par les justiciables à l'occasion d'un contact avec le système pénal (stress, inquiétude, tensions familiales, nécessité de la présence fréquente au tribunal, recherche d'un avocat, etc.). Dans le cas des justiciables de notre étude, ces contacts pouvaient également entraîner un autre prix à payer : la difficulté ou même l'impossibilité d'obtenir des soins de santé à cause de l'étiquette « criminelle ».

Au-delà des différences individuelles dans la capacité de gérer le stress, certains facteurs sont susceptibles d'affecter le caractère plus ou moins difficile de cette expérience. Nous examinerons ici ceux qui sont le plus facilement accessibles : le nombre de comparutions, la durée totale des procédures, la mise en détention et l'ordonnance d'observation psychiatrique.

Comme nous l'avons mentionné, les accusations portées contre ces justiciables ne sont pas d'une grande complexité sur le plan du droit. Par ailleurs, à la cour municipale, tout comme dans d'autres tribunaux de juridiction pénale, la très grande majorité des justiciables plaident coupable. C'est à la lumière de ces informations qu'il faut examiner le nombre de comparutions

---

10. Puisque nous n'avons pas de données concernant le nombre de fois où le même délit est dénoncé pour l'ensemble des plaintes émises contre un individu, les pourcentages affectés aux 11 catégories de délits correspondent aux portions de la population qui ont été accusées au moins une fois pour une infraction donnée.

au tribunal qu'ont connu les personnes de notre étude. En effet, le tiers du groupe (32 %) ont comparu une ou deux fois. Par contre, pour près de 25 % du groupe, le nombre de ces comparutions dépasse cinq. Ceci entraîne une mobilisation de temps et d'énergie importante. De plus, la fréquence des comparutions accroît le risque des omissions de se présenter au tribunal, ce qui peut se solder par un emprisonnement. Cette problématique est d'autant plus importante qu'une partie des justiciables que nous avons étudiés étaient sans lieu de résidence stable, avec des problèmes d'orientation temporelle et ne saisissaient pas toujours bien ce qui était attendu d'eux.

Au-delà du nombre de comparutions, il faut aussi examiner la durée des procédures, c'est-à-dire le temps qui s'écoule entre le moment où les procédures sont intentées contre un justiciable et le moment où l'issue de cette cause est connue. Cette question de durée est importante puisque, tant et aussi longtemps que le dossier est ouvert, le justiciable peut être soumis à de nouvelles activités (comparutions, rencontres avec les personnes chargées de sa défense, de son évaluation sociale, psychologique, médicale, etc.). Il se retrouve aussi dans l'attente de son éventuelle sentence.

La durée moyenne des procédures judiciaires, pour les 172 individus[11] qui n'ont qu'une poursuite judiciaire à leur dossier, est de 128,9 jours. La médiane se situe à 47 jours. La distribution est très étendue ; certaines causes se règlent dès la première comparution, alors que d'autres s'étirent sur plusieurs mois. Néanmoins, nous retrouvons 20,3 % des causes qui ne durent qu'une journée. Il s'agit de la seule concentration de la distribution et cela nous semble indiquer une certaine constante dans la pratique de gestion des affaires du tribunal : lorsqu'il n'y a pas lieu de soumettre la personne inculpée à une observation psychiatrique, le traitement judiciaire est expéditif et se règle souvent dans l'heure de la comparution au tribunal.

La mise en détention est certainement une condition importante pour définir une affaire pénale. Nous avons été surprises de constater la fréquence de cette pratique, au point d'être une caractéristique quasi systématique de la gestion de la population. Près de 89 % des personnes à l'étude ont connu une ou plusieurs fois des périodes de détention. Avant le prononcé de sentence, presque toute la population étudiée, sauf 26 accusés, fut détenue au cours d'un procès. Bien que près de 60 % des inculpés cumulent moins de 10 jours

---

11. Pour des raisons de clarté, nous nous limitons à présenter la durée des procédures pour les justiciables ne faisant l'objet que d'une seule poursuite au moment de l'enquête. Certains justiciables faisaient l'objet de deux ou même de plusieurs poursuites de façon concurrente ou successive pendant notre étude et il devenait trop complexe de tenir compte de l'ensemble de ce portrait. Nous nous sommes assurées que ces cas ne se distinguaient pas des autres au chapitre de la durée des procédures.

de mise sous garde, au-delà de 17 % affichent des périodes de détention de plus d'un mois.

Soulignons que la détention peut survenir à différents moments du processus judiciaire et qu'elle est justifiée par plus d'un motif sur le plan légal. Pour les besoins de la présente discussion, nous nous limiterons à distinguer la détention liée aux observations psychiatriques de toutes les autres formes de détention en cours de procédures.

La mise sous observation psychiatrique constitue un des points de jonction légale entre la psychiatrie et le judiciaire. Quelques explications s'imposent. Au Canada, les règles de procédures prévoient qu'un accusé ne peut subir son procès s'il n'est pas apte à le faire. L'examen d'aptitude, fait par des spécialistes dans le domaine de la psychiatrie, vise à évaluer si le justiciable comprend la nature des accusations portées contre lui et s'il est en mesure de voir à sa défense. À la cour municipale de Montréal, un médecin procède à un premier examen ; ses recommandations sont présentées au juge qui, sauf de très rares exceptions, les entérine. Le médecin déclare le justiciable apte à comparaître ou recommande un examen plus approfondi lorsqu'il y a doute sur l'aptitude.

C'est ainsi que plus de la moitié des personnes à l'étude (134) ont fait l'objet d'un premier examen par le médecin de la cour. L'aptitude de 85 justiciables a été mise en doute et ils ont été envoyés en observation psychiatrique. Dans deux cas où les justiciables avaient été considérés aptes par le médecin, le tribunal en a jugé autrement. C'est ainsi que 87 personnes ont été envoyées pour observation psychiatrique. Il est important de noter que ces justiciables sont envoyés au Centre de prévention de Montréal (Parthenais) en attendant leur admission dans un hôpital.

Seulement 6 des personnes soumises à l'observation psychiatrique ont été jugées inaptes à subir leur procès et placées sous les bons soins du lieutenant-gouverneur. Bien entendu, ceci ne signifie nullement que les 81 justiciables jugés aptes ne souffraient d'aucun problème de santé mentale. Ils ne rencontraient tout simplement pas les critères relativement restreints d'inaptitude. Nos entrevues avec différents intervenants nous ont permis de constater que ces périodes sous observation servent très souvent de période de surveillance et de réorganisation. Plusieurs des justiciables vivent de façon très peu structurée ; le problème de l'oubli ou du refus de la médication est fréquemment souligné relativement à ces personnes. Dans d'autres cas, il s'agit d'un épisode de vie très difficile, lié à des circonstances particulières. Pour toutes ces personnes, le séjour psychiatrique est présenté comme une occasion de regagner du contrôle afin de faire face aux accusations et de clore, d'une façon ou d'une autre, le dossier judiciaire. Si ces procédures permettent d'éviter un internement psychiatrique d'une durée indéterminée, l'observation psychiatrique à des fins d'évaluation d'aptitude peut néanmoins être assez longue.

La plupart des individus ont été hospitalisés entre 11 et 20 jours et les trois quarts des individus hospitalisés ont subi une détention psychiatrique de moins d'un mois. On compte 22 justiciables pour lesquels la détention s'est prolongée au-delà de 30 jours.

L'issue des procédures constitue le dernier volet de l'expérience judiciaire que nous souhaitons examiner. Il est difficile d'établir dans quelle mesure la proportion entre les libérations et les sentences des justiciables à l'étude se distingue de l'ensemble des pratiques de la cour municipale dans les affaires pénales. Ce tribunal n'ayant pas de greffe informatisé, nous ne disposons pas de statistiques globales. Ceci noùs donnerait en effet un premier aperçu de l'attention particulière accordée ou non aux problèmes de santé mentale des justiciables dans les décisions du tribunal. Ainsi, dans 67 causes les justiciables ont été libérés d'une façon ou d'une autre alors que dans 143 causes, les justiciables ont fait l'objet d'une sentence. La question de la libération des justiciables est importante. En effet, dans l'esprit de plusieurs intervenantes et intervenants que nous avons rencontrés, le tribunal devrait user de sa discrétion pour « déjudiciariser » ces causes, c'est-à-dire les traiter

Tableau 4

LES ISSUES DES POURSUITES JUDICIAIRES
(PEINES ET ACQUITTEMENT)

ISSUE	N	%/libérération	%/total
Retrait de plainte	34	50,7	15,0
Absolution inconditionnelle	14	20,9	7,2
Absolution conditionnelle	11	16,4	5,6
Acquittement	8	11,9	3,3
Total des libérations	67	(31,9)	
		%/sentences	
Sentence suspendue et probation	58	40,5	29,7
Prison	43	30,0	22,0
Amende	42	29,4	21,5
Total des sentences	143	(68,1)	
Réponses manquantes : 43			

comme des cas non pénaux. Il semble bien que le tribunal a effectivement recours à des mesures de cette nature, mais ceci n'apparaît pas comme une pratique habituelle.

En examinant la distribution des sentences, nous n'avons pourtant pas besoin de point de comparaison pour s'étonner des sentences d'incarcération prononcées à l'égard de certains justiciables, compte tenu de la nature des accusations portées contre eux. En effet, 30 % des causes « sentencées » se soldent par un emprisonnement.

CONCLUSION

La population dont nous avons tenté d'esquisser le profil est peu connue, et cette méconnaissance s'explique selon nous par plusieurs facteurs. En premier lieu, elle chevauche en quelque sorte deux chaises, celle de la psychiatrie et de la justice : les problèmes vécus par ces individus ne constituent pas ce qu'on appelle de « beaux cas bien clairs ». Par ailleurs, et nous avons eu maintes occasions de le constater lors de nos entrevues et de nos observations, la dynamique propre à cette clientèle est complexe, voire désespérée pour certains d'entre eux qui en font partie. La rareté des ressources, la difficulté des cas, le peu de temps dont disposent les intervenantes et intervenants dans un contexte judiciaire rendent ardue la tâche de l'intervention.

Avant même de penser à développer des ressources plus adaptées à ces clientèles, il nous semble qu'un travail d'information doit être fait, particulière-ment auprès des personnes travaillant dans le cadre des services sociaux et des services psychiatriques. Dans ces milieux, on semble trop peu informé de la dynamique pénale, des circonstances entraînant l'intervention de police et des tribunaux, mais aussi des conséquences, sur la vie des individus, de telles interventions.

Bibliographie

COMTOIS, G. et al. (1987). « Le jeune adulte en psychiatrie : expériences d'interventions cliniques », Santé mentale au Québec, vol. 11, n° 1, 90-98.

DORVIL, Henri (1987). « Les caractéristiques du syndrome de la porte tournante à l'Hôpital Louis-H. Lafontaine », Santé mentale au Québec, vol. 11, n° 1, 80-89.

DORVIL, H., ÉLIE, R. et N. CARPENTIER (1991). Étude comparative des réadmissions en psychiatrie chez les Canadiens-Français, les Italiens, les Haïtiens de St-Léonard et de Rivière-des-Prairies, Montréal, Université de Montréal, GRASP, rapport soumis au CQRS.

HODGINS, Sheilah et Gilles CÔTÉ (1990). « Prévalence des troubles mentaux chez les déte-
nus des pénitenciers du Québec », *Santé mentale au Canada,* vol. 38, n° 1, mars, 1.

IMBLEAU, Monique (1988). *Profession détenue : analyse de la population des femmes
réincarcérées dans les prisons du Québec,* Montréal, Cahier du GRAPP, n° 6.

LANDREVILLE, Pierre, BLANKEVOORT, Victor et Alvaro PIRES (1981). *Les coûts sociaux du
système pénal,* Montréal, Cahiers de recherche, École de criminologie, Université de
Montréal.

LECOMTE, Yves (1984). « Les jeunes adultes (18-35 ans) en voie de chronicisation », *Santé
mentale au Québec,* vol. 9, n° 2, 134-140.

LEFEBVRE, Yvon (1985). *Psycauses,* Montréal, recherche subventionnée par la section
nationale du Bien-être social de la Santé et Bien-être social Canada.

LESEMANN, Frédéric (1987). *Les nouvelles pauvretés, l'environnement économique et les
services sociaux,* Québec, Les Publications du Québec.

MINISTÈRE DE LA MAIN-D'ŒUVRE ET DE LA SÉCURITÉ DU REVENU (1988). *Les sans-abri au
Québec ; étude exploratoire,* Québec, Direction de la recherche.

POIRIER, Mario et Jean GAGNÉ (1989). « Une jeunesse sans repère », *Santé mentale au
Québec,* vol.14, n° 1, 215-220.

ROY, Shirley (1990). *Le genre comme fondement de la différenciation des formes de contrôle social : l'exemple de l'incarcération,* Montréal, Université du Québec à
Montréal, département de sociologie, thèse de doctorat.

ROY, Shirley, LABERGE, Danielle et Marie-Marthe COUSINEAU (1992). « Les réincarcéra-
tions multiples : profil sexué d'un groupe de justiciable », *Criminologie,* vol. 25,
n° 1, 101-118.

❖ # Être chez soi : désir des personnes psychiatrisées et défi des intervenants

Paul MORIN

*Coordonnateur du Collectif de défense
des droits de la Montérégie*

L'immense majorité des personnes psychiatrisées vivent dorénavant en dehors des murs en milieu urbain. Cette modification majeure dans la dispensation des services de santé mentale s'est faite sans que l'on associe dimension sociospatiale et lieux d'hébergement. Des instruments de contrôle territorial comme le zonage ont donc été utilisés afin de tenir les personnes psychiatrisées à l'écart de certains quartiers. Mais en fait, faut-il vraiment développer autant de foyers de groupes ? De récentes recherches démontrent que si l'on prend la peine de questionner les personnes concernées, celles-ci ont des idées précises et réalistes sur ce qu'elles désirent.

Malgré la centralité de la notion d'espace social, peu de recherches ont porté sur les relations empiriques entre une société et son espace (Lavigne, 1974 ; Dear, 1984). L'une de ses manifestations, la dimension sociospatiale, définie comme un des éléments constitutifs de l'organisation et de la distribution des services de santé mentale, s'est déployée ces trente dernières années de façon apparemment différente de la traditionnelle ségrégation asilaire centralisée, puisque nous avons assisté au déploiement de multiples ressources résidentielles en milieu urbain.

De lointains qu'ils étaient, les fous ont désormais « envahi » la ville nord-américaine. Des modifications dans l'organisation et la distribution des services de santé mentale ont donc provoqué des transformations urbaines majeures, conséquences de décisions gouvernementales. Par l'analyse de « l'aspect concret de la vie des collectivités » (Ledrut, 1990 : 59), la sociologie de ces transformations apparaît des plus actuelles.

Ce texte veut aussi contribuer à la contextualisation des problèmes de santé mentale (Dorvil, 1990), car en l'absence d'une prise en compte du statut de la folie dans notre société, ces politiques loin de contribuer à l'intégration des personnes concernées ont plutôt provoqué des levées de boucliers de la part des communautés locales.

Le zonage, devenu un outil de ségrégation envers ces populations marginalisées, constitue désormais un obstacle de taille à l'implantation de nouvelles ressources résidentielles. Celles-ci se sont d'ailleurs généralement établies en des lieux précis. Ce constat relève d'un processus de ghettoïsation à l'œuvre (Wolpert et Wolpert,1976 ; Wolch et Dear, 1989 ; Morin, 1991) et de « transinstitutionnalisation » (Brown, 1988). S'appuyant sur une définition statique de la communauté, alors que ce concept est bourré de contradictions (Moon, 1990), les modifications aux services de santé mentale ont peu contribué à l'érosion du processus de distance de la folie dans la vie des citoyens.

Toutefois, le champ de la santé mentale semble être au milieu d'un changement paradigmatique (Blanch, Carling et Ridway, 1987). L'importance de l'environnement, de l'écoute de la personne en besoin d'aide, du support de la communauté, de la déprofessionnalisation du processus d'aide constitue la base de cette approche. Clé de voûte de cette approche, la notion de qualité de vie a été reconnue comme telle en 1978 à Alma-Alta par la déclaration commune de l'Organisation mondiale de la santé (OMS) et de l'Unicef. Le choix de la personne est devenu une mesure de sa qualité de vie.

L'intervention trouve sa signification lorsqu'elle est directement reliée à la participation du client et à la possibilité de celui-ci de prendre du pouvoir. De là découle la nécessité d'impliquer ces personnes dans la planification, la dispensation et l'évaluation des services, puisque cela garantit un meilleur respect de leurs droits et un contrôle de leur part sur leur environnement (Rose et Black, 1985).

Un récent document de l'OMS – *Initiative of Support to People Disabled by Mental Illness* (OMS, 1989) – synthétise cette tendance contemporaine de la littérature et d'une certaine pratique qui tend à mettre au premier plan la participation du client. *Ce texte, rédigé par des personnes psychiatrisées, des membres de leurs familles, des professionnels ainsi que des administrateurs, souligne que les usagers des services doivent être reconnus comme étant les personnes qui savent mieux que quiconque ce dont elles ont besoin.* Il en découle de nouvelles avenues pour la recherche : « Où demeurent les personnes avec des problèmes de santé mentale ? Où veulent-elles vivre ? Comment pouvons-nous les aider à mieux vivre ? » (Carling *et al.*, 1987 : 973).

Notre cadre théorique s'articule autour de deux notions : espace urbain et habitat de la personne psychiatrisée. Espace urbain, parce que c'est là que se déroulent la très grande majorité des pratiques contemporaines. La communauté locale, le quartier, sont-ils un espace de ségrégation ou d'affirmation ? Quant à l'habitat de la personne psychiatrisée, il a toujours occupé une place centrale dans le traitement et l'évolution des services de santé mentale. Mais, aujourd'hui encore, la ségrégation de ces personnes se perpétue dans des asiles sans mur en vertu d'une logique « différentialiste » qui les met en marge. Le désir d'un habitat anonyme exprimé par les personnes psychiatrisées n'est-il pas l'une des principales clés de leur maintien dans la communauté ?

L'ESPACE URBAIN

Milieu complexe d'analyse, la ville a de multiples dimensions, écologiques, politiques, sociales, spatiales, économiques. Selon Henri Lefebvre (1968), il y a identité entre contrôle social et contrôle territorial. Les techniques de contrôle territorial comme le zonage sont ainsi posées comme l'élément majeur d'explication. Ainsi, l'un des principes organisationnels de la société américaine est constitué par l'homogénéité entre le revenu et l'espace habité (Perrin, 1977). L'approfondissement de ce débat sur l'identité entre le contrôle social et le contrôle territorial passe par une réflexion sur le quartier et la communauté locale comme lieux d'affirmation ou de ségrégation.

Le choix de la résidence – ou ses contraintes – exprime le plus clairement les différences sociales entre les groupes. La théorie de la différenciation résidentielle regroupe les analyses sociologiques portant sur les choix résidentiels des habitants. Deux difficultés majeures ressortent. Qu'entend-on par similarité entre les résidents ? Les gens sont-ils semblables parce qu'ils demeurent en un lieu ou parce qu'ils vivent les uns à côté des autres ? Où y a-t-il exclusion, mise à l'écart ? Qu'est-ce qui relève de la recherche d'une identité, ou d'une manifestation de sa particularité ?

Ainsi, la société nord-américaine apparaît comme particulièrement sensible aux rapports entre la propriété et son environnement. Pour un individu arrivé socialement, être un propriétaire s'inscrit dans l'ordre naturel des choses, la résidence étant vécue comme principale source de l'estime sociale et de la réputation que l'on se fait. La banlieue représente la liberté, la possibilité d'éviter le voisinage de personnes non désirées. La maison unifamiliale associée aux espoirs de tranquillité domestique débouche sur l'homogénéité du groupe. Ces deux principes importants de la structure sociale et de l'ordre social sont à la base du gouvernement local qui s'appuie souvent sur l'homogénéité du revenu comme principe organisateur de l'utilisation des sols.

L'ère du « Deux Québec dans un » (CAS, 1989) semble bien correspondre à cette description. Selon Yvon Leclerc, du Conseil des affaires sociales :

> Ces gens qui traînent avec eux une foule de problèmes sociaux, et qui sont aussi ceux qui ont les plus faibles revenus, étaient auparavant disséminés sur l'ensemble du territoire, ce qui, à tout prendre, était nettement mieux. Aujourd'hui, ils sont forcés de se retrancher dans les mêmes quartiers » (Leclerc, 1990).

Comment ne pas rapprocher cette analyse de celle d'Henri Lefebvre :

> L'espace se divise en parcelles qui s'achètent et se vendent. Leur prix dépend d'une hiérarchie. C'est ainsi que l'espace social, tout en s'homogénéisant, se fragmente en espaces de travail, de loisirs, de production matérielle, de services divers. Au cours de cette différenciation, autre paradoxe : les classes sociales se hiérarchisent en s'inscrivant dans l'espace, et cela de façon croissante, et non pas comme on le prétend si souvent de façon dépérissante (Lefebvre, 1989 : 17).

FAMILLE ET ZONAGE : QUESTION DE NORMES

Le zonage, comme technique de contrôle du territoire, devient alors l'instrument privilégié d'exclusion. Ces clivages structurels dans la société se reproduiraient donc territorialement sur le plan local. Cette identité entre contrôle territorial et contrôle local apparaît manifeste avec l'exemple de l'utilisation de la technique du zonage comme outil d'exclusion. Historiquement, le zonage a été appliqué la première fois à San Francisco vers 1895, afin d'exclure les buanderies chinoises de quartiers précis. L'hypothèse standard dans la littérature sur le zonage a trait au fait

[...] que le zonage est aux banlieues ce que les frontières nationales et les quotas d'immigration représentent pour les nations [...] c'est-à-dire [qu'il permet] de restreindre l'entrée d'immigrants potentiels ou de choisir une classe spéciale de personnes (Lineburry, 1985 : 220).

Selon l'une des rares études québécoises juridiques sur le zonage :

[...] les techniques servent à protéger ou à véhiculer les valeurs économiques ou sociales de ceux qui les utilisent [...] Le pouvoir de zoner repose à la base sur l'idée du morcellement du territoire municipal et de l'application des normes d'utilisation et d'implantation différentes pour chaque aire ou zone créée par règlement [...] Par conséquent, toute réglementation de zonage est discriminatoire [...] Il suffit de lire la législation et la jurisprudence québécoise pour se rendre compte que les propriétaires ont le haut du pavé dans l'administration de cette technique (Giroux, 1979 : 223).

Ainsi, les règlements de zonage, conçus pour spécifier l'usage des terrains d'une municipalité, et non pour être utilisés comme instruments de politique sociale, sont devenus des outils de discrimination envers les personnes aux prises avec un trouble d'ordre mental (Appelbaum, 1983 ; Secord, 1986).

Une autre valeur fondamentale de notre société devient alors un enjeu : Qu'est-ce qu'une famille ? La définition de famille demeure au centre d'importantes batailles juridiques et sociales, car les communautés locales ont développé comme stratégies l'exclusion de divers types de ressources résidentielles en prétextant qu'elles ne rencontrent pas leur définition de la notion de famille.

Puisque le droit codifie les règles de la vie en société, les diverses parties en présence se tournent devant les cours de justice afin de faire valoir leurs droits. L'analyse de la jurisprudence démontre que le point majeur de la contestation juridique se rapporte à la définition de famille. Nous voyons qu'ici aussi la question de la dissémination des ressources touche un autre aspect fondamental de la vie en société, la famille.

Avant l'adoption de la Charte canadienne des droits, la Cour suprême du Canada avait eu l'occasion de statuer (Bell c. La Reine, 1979) sur le caractère discriminatoire d'un règlement de zonage ; en l'occurrence celui de la municipalité de North York en Ontario. En vertu de la législation ontarienne – le *Planning Act* –, la municipalité limitait l'usage de certaines zones résidentielles aux familles se conformant à la définition suivante : « groupe composé de deux personnes ou plus, vivant ensemble et liées par le sang, le mariage ou l'adoption légale, habitant un logement ». L'appelant, Douglas Bell, partageait un logement avec deux personnes sans lien de parenté avec lui.

La Cour suprême s'est prononcée contre cette méthode de zonage par habitants autorisés – *land zoning by people zoning*. La décision était fondée sur l'opinion majoritaire telle que le juge Spence l'avait formulée :

> Vu les nombreuses injustices pouvant résulter de la définition de « famille », je pense qu'en retenant le critère de la « famille » pour définir les seuls occupants autorisés d'un logement indépendant, le règlement constitue précisément un cas, pour reprendre les mots de Lord Russell, « d'immixtion abusive ou gratuite dans les droits des personne qui y sont assujetties, au point d'être injustifiable aux yeux d'un homme raisonnable ».

Au Québec, en l'absence d'une intention précise du législateur dans l'ancienne *Loi sur les services de santé et les services sociaux* (Gouvernement du Québec, 1971), les tribunaux ont évolué entre une interprétation plus extensive de la notion de famille (Ville de St-Hubert v. Réal Riberdy, 1977 C.S. Québec ; Ville de Lauzon contre Jonction pour elles, 1985, C.S. Québec ; Corporation municipale de la paroisse de Sainte-Anne, de la Pointe-au-Père c. Dubé et Villa de l'Essor Inc., 1989, C.S. Québec) et une interprétation plus restrictive (Lauzon [Ville de] c. Vachon, 1988, C.S. Québec).

Un récent jugement (Sillery [Ville de] c. Villa Ignatia inc., 1991, C.S.Québec) a clarifié le pouvoir de zonage des municipalités. Selon le juge Viens, la Ville de Sillery « ne peut limiter le nombre de personnes pouvant habiter un logement ; elle peut limiter et classifier les usages du sol ». Comme la Villa Ignatia, ressource résidentielle pour toxicomanes, est « actuellement utilisée exclusivement comme maison de chambres, de convalescence ou autrement et non pas comme habitation unifamiliale, il y a usage non conforme au règlement de zonage ».

La Loi 120, adoptée en 1991 (Gouvernement du Québec, 1991), limite le pouvoir des municipalités en la matière. Cependant, la Loi n'apporte aucune solution au problème actuel du Service de réinsertion sociale de la Rive-Sud, une ressource communautaire, qui s'est vue enjoindre par la municipalité de St-Hubert de fermer sa résidence, parce qu'elle contrevient au règlement de zonage stipulant qu'une maison ne peut héberger plus de trois chambreurs ; elle ne résoudrait pas davantage celui de la Villa Ignatia, par ailleurs.

En effet, la Loi 120 reprend les termes de l'article 158 de l'ancienne loi et interdit toute discrimination aux municipalités envers certaines ressources résidentielles (Gouvernement du Québec, 1991 : art. 308) ; toutefois sa protection ne s'étend qu'aux ressources familiales et intermédiaires : « Est une ressource intermédiaire, toute ressource rattachée à un établissement public qui, aux fins de maintenir et d'intégrer un usager à la communauté, leur dispense par l'entremise de cette ressource des services d'hébergement et de soutien ou d'assistance en fonction de ses besoins » (Gouvernement du Québec, 1991 : art. 302). Quant aux ressources familiales, la loi dissipe une ambiguïté en reconnaissant qu'une famille d'accueil peut être constituée d'une ou de deux personnes, sans spécificité de sexe (Gouvernement du Québec, 1991 : art. 312).

L'absence de ressources communautaires est pour le moins surprenant, compte tenu que la politique de santé mentale préconise des solutions dans le milieu de vie et qu'en conséquence « les solutions que propose le milieu doivent être privilégiées et soutenues » (Gouvernement du Québec, 1989 : 25). Ainsi, le Plan régional d'organisation des services (PROS) de santé mentale de la région de Montréal métropolitain pour les années 1990 à 1995 (CSSSRMM, 1990) prévoit la création de 220 places en foyers de groupes et en maisons de transition. La formule des organismes sans but lucratif (OSBL) étant privilégiée, il est difficile de croire que la trentaine de ressources ainsi créées pourront s'établir là où bon leur semble.

Où vais-je demeurer ?

Le PROS de la région de Montréal métropolitain estime aussi qu'environ 950 places devront être développées en logement social et « réfère au concept de logement subventionné (programmes de l'Office municipal, de la Société municipale d'habitation et du gouvernement fédéral reliés à la loi nationale sur l'habitation) » (CSSSRMM, 1990 : 174).

Pour plus du deux tiers des places envisagées en matière d'habitation par le PROS – soit 1 414 places –, il s'agit de logement social. Mais cela ne signifie pas pour autant que ce document de planification rompt avec le concept dominant du continuum de ressources résidentielles. S'il est constaté que « le logement social est identifié comme l'une des ressources résidentielles les plus importantes pour effectuer la réintégration sociale des personnes ayant un problème de santé mentale » (CSSSRMM, 1990 : 194), la notion du continuum de services transparaît nettement dans le paragraphe suivant : « Les services résidentiels de transition les plus légers, comme les appartements supervisés, risquent d'être congestionnés, si les unités de logement social ne sont pas en nombre suffisant » (CSSSRMM, 1990 : 194). Il est donc sous-entendu qu'au fur et à mesure qu'une personne se rétablit, elle passe d'une ressource à l'autre jusqu'au stade ultime du logement autonome.

Or, aux États-Unis, une nouvelle philosophie découlant de l'approche de la réadaptation psychiatrique a vu le jour, soit celle des services de soutien à domicile (*supported housing*). Selon cette philosophie, les personnes ayant de graves problèmes de santé mentale peuvent vivre dans la communauté en des lieux qu'ils ont eux-mêmes choisis, pourvu qu'un soutien adéquat leur soit fourni (Carling et Ridway, 1989 ; Parrish, 1990). Ce nouveau paradigme tend à remplacer le courant des années 80, le continuum linéaire de services résidentiels. Deux auteurs ont résumé ce courant de la façon suivante :

> Avoir un chez-soi dans la communauté est un droit pour les personnes avec des problèmes sévères, et habiter un endroit stable est un prérequis pour un traitement efficace et une réadaptation psychosociale... la création d'un chez-soi est l'objectif prééminent au service du client, et aider la personne à choisir, acquérir, et maintenir un chez-soi dans la communauté est un rôle bona fide et une responsabilité du système de santé mentale (Ridway et Zipple, 1990 : 16-17).

L'évolution d'une philosophie à l'autre est synthétisée dans le tableau 1 :

Tableau 1
Éléments du déplacement paradigmatique

Nouveau paradigme	Ancien paradigme
un chez-soi	cadre de traitement résidentiel
choix	placement
rôles normaux	rôle de client
intégration sociale	rassemblement par handicap
apprentissage in vivo en des lieux permanents	lieux transitionnels préparatoire
services et supports flexibles et individualisés	niveaux standardisés de services

Source : Ridway et Zipple, 1990 : 26 (traduction)

Ces éléments conceptuels adoptés par l'Institut national de santé mentale et l'Association nationale des directeurs des programmes de santé mentale (NIMH, 1987 ; NASMHPD, 1987) se rattachent directement à la dimension sociospatiale, puisque nous passons d'une population marginalisée par un traitement qui renforce le stigma social à des individus qui choisissent leurs lieux de résidence.

Pour ce qui est de la recherche sur le logement et les préférences des personnes psychiatrisées, l'Université du Vermont, par son National Technical Assistance Center on Housing and Supports, exerce un leadership incontestable. À la suite de l'échec du continuum de services à disséminer les ressources, une recherche nationale portant sur plus de 2 500 ressources résidentielles a révélé que la majorité des résidents étaient rassemblés dans des ressources représentant moins du quart des lieux habités (Randolph *et al.*, 1988).

Une autre monographie récente a analysé 43 recherches ayant trait aux préférences des personnes psychiatrisées quant à leur lieu de résidence. La conclusion, basée sur les 23 recherches où les instruments utilisés étaient suffisamment similaires, révèle

> [...] que les personnes sondées préfèrent vivre dans leurs propres appartements ou maisons et non pas dans des programmes de santé mentale [...] Si donné le choix, les répondants de ces études préféreraient ne pas vivre avec d'autres consommateurs. Ils ont besoin de plus d'argent ou de revenu afin de vivre dans le logement de leur choix et veulent avoir accès à des intervenants ou à du support naturel par l'intermédiaire de médiums comme les téléphones et des personnes qui viennent les voir selon leurs besoins quand ils le demandent, jour et nuit (Tanzman, 1990 : 125).

À la question cruciale « Où vais-je demeurer ? », ces personnes répondent en exprimant clairement leur désir d'un chez-soi. Ceci constitue une rupture décisive avec ce qui leur est offert habituellement.

> Les clients ne veulent pas ce que nous leur offrons [...] Le projet de Réadaptation communautaire résidentielle a été impliqué dans 3 évaluations de besoins des clients dans deux états [...] Les données sont constantes : seulement 10 % veulent des ressources de groupe ; les autres désirent de l'hébergement ordinaire, avec du support. Les professionnels estimaient ce besoin à 60 %. Si nous prenons une perspective de normalisation avec une limite de 6 personnes par maison, cela signifie près de 60 foyers de groupe dans ce comté seulement alors que l'autre point de vue équivaut à 5 foyers de groupe. Les implications financières, politiques et de zonage sont tout simplement renversantes (Ridway, 1987 : 4).

Par exemple, la norme régionale mis de l'avant dans le PROS de Montréal estime qu'une place en foyer de groupe vaut 50 000 $, une place en maison de transition 38 335 $, une place en appartements de transition 2 250 $ et une place en logement social qui nécessite un accompagnement communautaire, 1 175 $.

En ce qui concerne les recherches sur les préférences en matière d'habitation des personnes psychiatrisées, tout reste à faire au Québec. Une récente recherche s'inscrit toutefois dans cette optique. Ayant sondé des personnes psychiatrisées de la Rive-Sud et du Sud-Ouest de Montréal sur « La contribution des services à la qualité de la vie des patients psychiatriques dans la communauté », les auteurs affirment que la pertinence d'un service ne devrait pas être appréhendée seulement du point de vue des besoins objectifs, mais aussi en tenant compte des aspirations de la personne, du sens et de la place que les services prennent dans sa vie [...] Le maintien dans la communauté ne fait du sens pour les personnes concernées qu'en autant que la vie de la communauté et la participation aux services favorisent l'actualisation des aspirations. Dans ce contexte, les services peuvent contribuer à l'amélioration des conditions de vie, au développement des compétences, mais seuls les milieux de vie peuvent confirmer la personne dans ses efforts de présence à la société (Mercier et al., 1990 : 169-170).

LE DROIT À UN LOGEMENT

Cependant, au Québec comme aux États-Unis, une crise du logement a durement frappé cette dernière décennie les personnes vivant sous le seuil de la pauvreté, donc entre autres les personnes psychiatrisées. Le stock de logement à bas prix a fortement diminué et les loyers sont devenus prohibitifs pour nombre de personnes (Lecomte, 1990 ; Carling, 1990).

Ainsi, à New York et à Montréal, les sans-abri constituent désormais une part intégrante de la vie quotidienne des habitants des ces villes. En 1989, la Ville de New York a dépensé plus de 320 millions $ pour loger des milliers de sans-abri, le plus souvent dans d'immenses entrepôts, alors « qu'il a été démontré que les sans-abri peuvent être logés confortablement dans des chambres s'ils bénéficient d'un support » (New York Times, 30 décembre 1990).

À Montréal, « tout a déjà été écrit et redit à multiples reprises sur les maisons de chambre » (Comité des sans-abri, 1987) ; 48 % des chambres du centre-ville ont disparu entre 1977 et 1982 et, selon les données du rôle d'évaluation de la Ville de Montréal, « de 1981 à 1988, le nombre de maisons de chambres diminue de façon régulière et dramatique, passant de 864 à 506 » (Goulet, 1990 : 22).

Le Service de l'habitation et du développement urbain a mené en 1990 une enquête auprès des ressources d'hébergement temporaires et permanents : « Une importante majorité des répondants (16 sur 21) ont identifié le besoin d'unités de logement décents et abordables comme le plus urgent ... [De plus], les cas lourds de maladie mentale et de dysfonctionnement social sont généralement exclus des projets » (SHDU, 1990 : 35-57).

Compte tenu de l'impossibilité pour une ville de résoudre « la question du logement des personnes difficiles à loger » et alors que le fédéral réduit ses fonds réservés pour le logement social, le caucus des maires des grandes villes du Canada a adopté en avril 1991 un « Plan d'action nationale sur le logement et les sans-abri », ainsi qu'une Déclaration commune où ces grandes villes s'engagent, entre autres « à promouvoir activement les stratégies et les mesures du Plan d'action » (Fédération canadienne des municipalités, 1991). Le plan s'articule autour de deux objectifs :

> 1- Proposer des solutions qui permettront aux sans-abri de stabiliser leur situation et, par conséquent, de faire la transition d'un logement temporaire à un logement permanent ; et

> 2- Proposer des mesures visant à préserver et à accroître le parc de logements abordables de façon à réduire le nombre de sans-abri et empêcher les groupes « à risques » de connaître des conditions de logements instables (Fédération canadienne des municipalités, 1991 : 17).

Reconnaissant « l'émergence de nouveaux besoins en habitation », une mesure spécifique envers les personnes souffrant de troubles psychiques est préconisée, soit « l'accroissement des services de logement et de soutien ». Deux autres mesures nous ont semblé pertinentes eu égard à notre démarche : l'élimination des règlements d'occupation restrictifs (par exemple, plusieurs personnes non apparentées ne peuvent occuper un logement) et l'assouplissement des règlements de zonage.

La politique de santé mentale avait elle aussi fait ressortir la nécessité d'un partenariat gouvernemental en ce domaine en ciblant

> le ministère des Affaires municipales et la Société d'habitation du Québec pour leur rôle en matière d'accès au logement et d'implantation, dans les zones résidentielles, des ressources nécessaires à la réinsertion sociale et au maintien dans la communauté (Gouvernement du Québec, 1989 : 56).

CONCLUSION

Marginalisée en vertu d'une logique différenciatrice qui hiérarchise l'espace, la situation d'exclusion des personnes psychiatrisées interpelle le champ de la santé mentale. En premier lieu, la prise en compte de la dimension spatiale est liée à toute approche d'inspiration « communautariste ». Résultat complexe d'un ensemble de facteurs, la centralité de l'espace social lors de la planification de services permet d'imaginer des solutions aux problèmes sociaux de façon non « technicienne ». Il ne faut pas pour autant idéaliser la communauté qui est devenue un véritable porte-manteau idéologique, de la politique de santé mentale aux conseils de quartier du Rassemblement des citoyens de Montréal (RCM) en passant par le secteur psychiatrique. D'autres rapports collectifs à l'espace sont possibles.

Les recherches ont également dévoilé deux mythes : les personnes psychiatrisées ont besoin de vivre à part des autres membres de la société et ne savent pas définir de manière réaliste leurs besoins concernant l'habitation. Ce faisant elles illustrent le paradoxe contemporain des services de santé mentale : le discours biologique et le discours social continuent à cohabiter comme s'il n'y avait pas incompatibilité. Pourtant, placer au centre de l'intervention les idées et les connaissances des clients représente une forme d'hérésie pour un scientifique puisque nous sommes dans le domaine du subjectif (Vega et Murphy, 1990). De plus, s'il y a un groupe d'individus défavorisés, habitué à ne pas être consulté au sujet des décisions qui le concernent, c'est bien celui des personnes psychiatrisées.

L'essence d'une politique communautaire de santé mentale réside dans le maintien de la personne psychiatrisée dans la communauté. Cette même communauté qui va avoir tendance à la rejeter si elle vit dans une ressource. N'y a-t-il pas là un enseignement à tirer ?

> Au lieu de se demander : comment placer des ressources résidentielles dans la communauté ? Nous devons nous demander comment aider les personnes dans des logements typiques dans la communauté, avec du support adéquat, et atteindre une réelle intégration communautaire ? (Ridway, 1987 : 8).

Cette approche de réadaptation, qualifiée de paradigme fonctionnaliste (Corin et Lauzon, 1988) s'inscrit-elle, elle aussi, dans une « insidieuse dérive personnaliste [au détriment] d'une vision sociale et collective de la santé et des problèmes sociaux ? » (Corin et Bibeau, 1990 : 34).

Dans la perspective du suivi communautaire, où « les visites à domicile ne veulent pas prendre l'allure du maintien à domicile, mais celle de l'accompagnement de l'individu dans la prise de pouvoir sur son social et sur son vécu ... » (Lalonde, 1989 : 181), cela nous apparaît comme peu plausible, et seul un engagement des intervenants dans la voie des réformes procurera une réponse.

Bibliographie

APPELBAUM, P.S. (1983). « The Zoning Out of the Mentally Disabled », *Hospital and Community Psychiatry*, vol. 34, n° 5.

BLANCH, A.K., CARLING, P.J. et P. RIDWAY (1987). « Normal Housing with Specialized Support : A Psychiatric Rehabilitation Approach to Living in the Community, *Rehabilitation Psychology*, 4 (32), 47-55.

BROWN, P. (1988). « Recent Trends in the Political Economy of Mental Health », dans SMITH et GIGGS (sous la direction de) (1988). *Location and stigma*, Boston, Unwin Hyman, 58-80.

CARLING, P.J. (1990). « Major Mental Illness, Housing, and Supports », *American Psychologist*, vol. 45, n° 8, 969-975.

CARLING, P. J., RANDOLPH, F.L., BLANCH, A.K. et P. RIDWAY (1987). *A Rehabilitation Research Review : Housing and Community Integration for People with Psychiatric Disabilities*, Washington, D.C., National Rehabilitation Information Center, ATA Institute.

CARLING, P., J. et P. RIDWAY (1989). « A Psychiatric Rehabilitation Approach to Housing », dans FARKAS, M. et W. Anthony (sous la direction de) (1989). *Psychiatric Rehabilitation Programs*, Baltimore, John Hopkins University Press, 28-80.

COMITÉ DES SANS-ABRI (1987). *Rapport du Comité des sans-abri : Vers une politique municipale pour les sans-abri*, Montréal, 64 p.

CONSEIL DE LA SANTÉ ET DES SERVICES SOCIAUX DE LA RÉGION DE MONTRÉAL MÉTROPOLITAIN (CSSSRMM) (1990). *Plan d'organisation des services de santé mentale de la région de Montréal métropolitain (1990-1995)*, Montréal, 228 p.

CONSEIL DES AFFAIRES SOCIALES (CAS) (1989). *Deux Québec dans un*, Boucherville, Gaëtan Morin Éditeur, 123 p.

CORIN, E., GIBEAU, G., MARTIN, J.-C. et R. LAPLANTE (1990). *Comprendre pour soigner autrement*, Montréal, PUM, 258 p.

CORIN, E. et G. LAUZON (1986). « Les évidences en question », *Santé mentale au Québec*, vol. 11, n° 1, 42-58.

DEAR, M. (1984). « Health Services Planning : Searching for Solutions in Well-Defined Places », dans CLARKE, M. (sous la direction de) (1984). *Planning and Analysis in Health Care Systems*, London, Pion Ltd, 6-21.

DEAR, M. et J. WOLCH (1987). *Landscapes of Despair*, Princeton, Princeton University Press, 306 p.

DORVIL, H. (1990). « La maladie mentale comme problème social », *Service social*, vol. 39, n° 2, 44-58.

FÉDÉRATION CANADIENNE DES MUNICIPALITÉS (1991). *Plan d'action national sur le logement et les sans-abri*, Montréal, Fédération canadienne des municipalités, 30 p.

GIROUX, L. (1979). *Aspects juridiques du règlement de zonage au Québec*, Sainte-Foy, PUL, 543 p.

GOULET, F. (1990). *Le parc de maisons de chambres de Montréal et son évolution, projet de recherche*, Montréal, School of Urban Planning, Université McGill, 85 p.

GOUVERNEMENT DU QUÉBEC (1971). *Loi sur les services de santé et les services sociaux* dans *Lois du Québec, 1971*, chap. 48.

GOUVERNEMENT DU QUÉBEC (1989). *Politique de santé mentale*, Québec, 62 p.

GOUVERNEMENT DU QUÉBEC (1991). *Loi sur les services de santé et les services sociaux et modifiant diverses dispositions législatives* (ou Loi 120), dans *Lois du Québec*, 1991, chap. 42.

LALONDE, L. (1989). « Le suivi communautaire, une nouvelle pratique », *Nouvelles pratiques sociales*, vol. 2, n° 2, 179-184.

LAVIGNE, M. et J. RENAUD (1974). *Étude comparative de 4 zones résidentielles du bas de la ville de Montréal*, Tome 1 : *Caractéristiques sociales et mobilité professionnelle*, Montréal, INRS-Urbanisation et PUQ, 231 p.

LAVIGNE, M. et M. DOUVILLE (1975). *Étude comparative de 4 zones résidentielles du bas de la ville de Montréal*. Tome 2 : *Vie de voisinage et vie de quartier*, Montréal, INRS-Urbanisation et PUQ, 260 p.

LECOMTE, Y. (1989). « Dernier Recours Montréal : lieu de convergence des exclus », *Santé mentale au Québec*, vol. 14, n° 2, 10-25.

LEDRUT, R. (1990). « L'homme et l'espace », dans *Histoire des mœurs*, tome 1, *Encyclopédie de la Pléiade*, Paris, Gallimard, 59-114.

LEFEBVRE, H. (1968). *Le droit à la ville*, Paris, Anthropos, 164 p.

LEFEBVRE, H. (1989). « Quand la ville se perd dans une métamorphose planétaire », *Le monde diplomatique*, mai, 17.

LINNEBURRY, R.L. (1985). « Suburbia and the Metro Turf », *The Annals of the American Academy of Political Science*, n° 5.

MA CAISSE (1990). *L'engrenage de la pauvreté*.

MERCIER, C., RENAUD, C., DESBIENS, F. et S. GERVAIS (1990). *La contribution des services à la qualité de la vie des patients psychiatriques dans la communauté*, Montréal, Unité de recherche psychosociale, Hôpital Douglas, 1186 p.

MOON, G. (1990). « Conceptions of Space and Community in British Health Policy », *Social Science and Medecine*, vol. 30, n° 1, 165-171.

MORIN, P. (1989). « Le rôle social des municipalités dans une politique de santé mentale », *Santé mentale au Québec*, vol. 13, n° 1, 119-124.

MORIN, P. (1990). « L'oubli de l'espace dans le Plan d'organisation de services », *Santé mentale au Québec*, vol. 14, n° 2, 4-13.

NATIONAL ASSOCIATION OF MENTAL HEALTH PROGRAMS DIRECTORS (NASMHPD) (1987). *Position Statement of the National Association of State Mental Health Program Directors on Housing and Support for People with Long Term Mental Illness*, Baltimore, États-Unis, NASMHPD.

NATIONAL INSTITUTE OF MENTAL HEALTH (NIMH) (1987). *Guiding Principles for Meeting the Housing Needs of People with Psychiatric Disabilities*, Brockville, États-Unis, NIMH.

ORGANISATION MONDIALE DE LA SANTÉ (OMS) (1989). *Initiative of Support to People Disabled by Mental Illness*, Genève, OMS, 21 p.

PARISH, J. (1990). « Supported Housing : A Critical Component of Effective Community Support », *Psychosocial Rehabilitation Journal*, vol. 13, n° 4, 9-10.

PERRIN, C. (1977). *Everything in its Place, Social Order and Land Use in America*, Princeton, N.-J., Princeton University Press, 291 p.

RANDOLPH, F.L., SANFORD, C., SIMONEAU, D., RIDWAY, P. et P.J. CARLING (1988). *The State of Practice in Community Residential Programs : A National Survey*, Boston, Boston University, Center for psychiatric rehabilitation.

RIDWAY, P. (1987). *Avoiding Zoning Battles*, texte présenté au *Intergovernmental Health Policy Project*, Washington, D.C., 9 p.

RIDWAY, P. et A. ZIPPLE (1990). « The Paradigm Shift in Residential Services : From the Linear Continuum to Supported Housing Approaches », *Psychosocial Rehabilitation Journal*, vol. 13, n° 4, 11-31.

ROSE, S. et B.L. BLACK (1985). *Advocacy and Empowerment*, Boston, Routledge et Kegan, 231 p.

SHDU (1990). *Enquête auprès de ressources d'hébergement temporaire et permanent : état de la situation et pistes de solutions*, Ville de Montréal, 59 p.

TANZMAN, B. (1990). *Researching the Preferences of People with Psychiatric Disabilities for Housing and Supports, a Practical Guide*, Burlington, Center for Community Change through Housing and Support, 164 p.

VEGA, W.A. et W. MURPHY (1990). *Culture and the Restructuring of Community Mental Health*, Connecticut, Greenwood Press, 162 p.

WOLPERT, J. et E. WOLPERT (1976). « The Relocation of Released Mental Hospital Patients into Residential Communities », *Policy Sciences*, vol. 7, 31-51.

Sur la Maison Saint-Jacques

L'Équipe de la Maison Saint-Jacques *

La Maison Saint-Jacques est une des plus vieilles institutions alternatives de santé mentale. Dans cet article, les membres de l'équipe de la Maison présentent un bref historique de leur organisation, décrivent son fonctionnement de même que l'approche thérapeutique qu'ils préconisent.

---

* Les membres de l'équipe sont Lucienne Dupré, Pierre Forest, Francine Hébert, Jean Gagné, Andrée Guertin, Suzanne Légaré, Danielle Monast, Charles Rajotte et Roger Shmouth.

La Maison Saint-Jacques (MSJ) fête cette année ses vingt ans d'intervention en santé mentale. Si vingt ans peuvent paraître court pour une institution plus traditionnelle, ces années représentent une longue histoire pour une organisation alternative. De fait, la MSJ est une des plus vieilles ressources du genre au Canada.

Nous voulons profiter de l'occasion qui nous est offerte pour retracer d'abord la petite histoire de notre établissement. Dans un deuxième temps, nous allons montrer comment la MSJ reste encore aujourd'hui fidèle à sa philosophie d'origine malgré des changements d'orientation, l'évolution de sa structure et du contexte socio-économique.

HISTORIQUE

Trois grandes périodes caractérisent l'histoire de la MSJ. D'abord, comme toute ressource alternative naissante, les premières années de la Maison ont en grande partie été caractérisées par la lutte pour sa survie. La Maison consacre ensuite son énergie à préserver son autonomie encore fragile : c'est aussi une période où la MSJ multiplie recherches et expérimentations qui vont l'amener au fil des ans à donner une coloration tout à fait particulière à son intervention.

Dans un troisième temps, l'histoire de la MSJ est davantage marquée par sa consolidation à partir de la reconnaissance institutionnelle de son autonomie et de sa spécificité comme ressource communautaire alternative, autonome et autogérée.

D'abord survivre (1972-1976)

À l'automne 1972, la Maison étudiante Saint-Jacques ouvre ses portes sur la rue Saint-Hubert dans le quartier centre-sud de Montréal. Elle deviendra plus tard la Maison Saint-Jacques, toujours située au même endroit vingt ans plus tard. L'objectif de départ de la Maison était d'accueillir, héberger et nourrir les décrocheurs du Cégep du Vieux-Montréal. Projet issu du Service de la pastorale du Cégep ainsi que d'un groupe d'étudiants, la Maison entend offrir dès le départ un service de *références personnalisées* et un milieu d'appartenance où les étudiants pourront trouver écoute et soutien. Soutenue par la Direction des services aux étudiants du Cégep, l'équipe fondatrice est formée d'étudiants *drop out* et d'intellectuels de gauche. Dès le printemps 1973, constatant l'ampleur des besoins, la Maison étend sa clientèle à tout décrocheur du système scolaire âgé entre 18 et 30 ans qui se retrouve « tout nu dans la rue ». La Maison constitue à l'époque le seul centre d'hébergement pour jeunes adultes en milieu francophone à Montréal.

Les animateurs de la MSJ, c'est ainsi qu'ils se définissent eux-mêmes à l'époque, se rendent vite compte que ces jeunes écorchés du système ont besoin d'abord et avant tout de chaleur et de solidarité humaine : ce seront là les bases premières de leur intervention. Le comité responsable de la Maison est par ailleurs rapidement confronté au monde de la psychiatrie avec lequel la plupart de ses pensionnaires sont aux prises. L'équipe se familiarise donc avec des modèles critiques d'intervention en santé mentale qui circulent à l'époque dans les milieux de gauche, en particulier le courant antipsychiatrique. L'exploration critique du champ de la psychiatrie se fait un peu au hasard des lectures de l'équipe, mais surtout à partir de l'expérience-terrain que ses membres accumulent quotidiennement à la Maison. Une dynamique collective d'échanges et de mise en commun des points de vue et perceptions de chacun des animateurs se fait lors des réunions d'équipe hebdomadaires mais souvent quotidiennes.

Par ailleurs, la clientèle se précise davantage : on n'accepte dorénavant que des jeunes profondément perturbés et l'intervention porte davantage sur le long terme. On continue cependant d'accompagner les individus en crise, de les écouter sans intervenir, de respecter, dans une optique toute anti-psychiatrique, le « processus de libération de la folie ».

Travaillant avec des ressources réduites durant les années 1975-1976, l'équipe restreint les admissions et en profite pour faire le point sur sa courte expérience. Elle se rapproche davantage des intervenants progressistes du réseau qui, à force de travail et de pressions, sont à bâtir des centres de jour et des cliniques psychiatriques communautaires. La MSJ développe alors un secteur de promotion et de relance : on tente de sensibiliser les gens du réseau à la problématique des jeunes adultes perturbés, on cherche à saisir l'opinion publique et le Ministère de la réalité de ces jeunes adultes particulièrement démunis. À cette fin, une série de reportages réalisée sur la Maison porte ses fruits : à partir d'avril 1975, la MSJ bénéficie en effet d'un octroi du ministère des Affaires sociales, ce qui a pour effet de consolider sa situation financière. Cet octroi est toutefois assorti de certaines conditions dont la mise sur pied d'un comité ad hoc pour évaluer le projet et préciser le rôle de la Maison dans le réseau des établissements des affaires sociales.

Ce comité se réunit à l'automne 1975 en présence de l'équipe des travailleurs. Le *Rapport* redéfinit la clientèle, sur papier à tout le moins : dorénavant, la Maison devra s'occuper moins des personnes profondément perturbées nécessitant une intervention à long terme que des « gens présentant une première désorganisation intérieure » ou avec « un court passé psychiatrique » et réclamant une intervention plutôt à moyen terme. Les objectifs de la Maison seraient de « permettre à des jeunes individus sensiblement désorganisés de retrouver leur autonomie ». Les auteurs du *Rapport* concluent néanmoins que « l'organisation générale de la Maison, son mode de fonctionnement et les contrôles nécessaires à leur évaluation régulière nous paraissent très adéquats ». On souligne la grande qualité des dossiers, même si les expressions et le vocabulaire de la Maison sont très différents du jargon psychiatrique. Ceci dit, les auteurs proposent d'intégrer la Maison au réseau comme un « service complémentaire ». Ils prennent néanmoins le soin de préciser que l'intégration de la Maison devrait se faire sur un mode très particulier, car « on doit lui garder son style, ses modalités de traitement, de prise en charge et de *follow-up*, de même qu'on doit protéger son autonomie le plus possible ».

Protéger son autonomie (1976-1981)

Protéger son autonomie revêt pour l'équipe de la MSJ un sens différent de celui qu'il a pour les auteurs du *Rapport* : cela signifie sa complète indépendance par rapport au réseau et la reconnaissance pleine et entière de sa spécificité. Bref, l'équipe refuse de s'intégrer au réseau, même « suivant un mode très particulier ». Cette question apparaît cruciale pour l'avenir de la Maison. En fait, son point de vue aura gain de cause : les conclusions du *Rapport* ne seront jamais appliquées. Ainsi, même si la Maison est financée à 90 % par le Ministère à partir de 1976, elle réussira à conserver son entière autonomie administrative et ce, malgré une situation financière encore précaire.

Ce n'est en effet qu'en 1981 que la MSJ obtient du Ministère un budget annuel récurrent et davantage conforme à ses besoins. Paradoxalement, c'est au moment où les restrictions budgétaires de l'État commencent à se faire cruellement sentir dans le secteur de la santé que la MSJ voit sa situation financière considérablement améliorée. Il aura quand même fallu qu'elle soit acculée à la fermeture, qu'elle suspende son service d'hébergement à la suite de mises à pied d'une partie de son équipe, qu'elle impose des coupures de salaire draconiennes aux travailleurs qui restaient, qu'elle accumule des dettes envers ses fournisseurs et soit contrainte de recueillir des dons alimentaires pour nourrir ses usagers pour qu'elle ait enfin accès à un certaine stabilité financière. Ceci dit, les difficultés particulières que rencontrait à l'époque la MSJ n'expliquent qu'en partie cette « ouverture » du Ministère à son égard. Il faut aller au-delà de la dynamique interne de la MSJ pour comprendre les enjeux de ce changement d'attitude du Ministère.

Au début des années 80, les dépenses effectuées dans le secteur des affaires sociales sont soumises à des restrictions budgétaires dont les effets se font de plus en plus sentir. Elles se doublent d'un nouveau discours technocratique préconisant de réduire la prise en charge étatique de la santé. Les organismes sociaux issus du secteur communautaire et qui œuvrent dans une optique d'autonomisation de leur clientèle, dont la MSJ, profiteront donc partiellement de ce réalignement de la gestion étatique de la santé. De plus, il s'agit d'une période où les nouveaux courants thérapeutiques qui avaient émergé durant les années 70 et qui, à cette époque, avaient tendance à se définir en opposition directe à l'État et au réseau institutionnel, ou encore à se positionner en retrait vers une certaine marginalité, vont concevoir davantage leur développement dans un climat de concertation avec le réseau plutôt qu'en opposition à lui. L'idée d'une défense plus positive de la spécificité des ressources alternatives, non pas tellement contre l'État mais à côté de lui, commence en effet à se répandre dans le mouvement communautaire et alternatif.

Une autonomie reconnue (1981-1992)

Quoi qu'il en soit, à partir de l'année 1981, soit après 10 ans d'une existence souvent menacée, la MSJ voit enfin sa survie assurée et sa place dorénavant reconnue comme ressource alternative autonome. Cette stabilité financière sera le coup d'envoi d'une nouvelle étape dans l'histoire de la Maison.

En 1986, la MSJ fait à nouveau le point. Elle produit et édite à compte d'auteur un texte de réflexion qui énonce une orientation, des objectifs et des modalités d'intervention qui se sont élaborés au fil des ans. Elle considère toujours que l'analyse critique des valeurs et stéréotypes dominants demeure une des clefs de l'équilibre émotif de l'individu, mais elle défend, plus explicitement que par le passé, une intervention essentiellement axée sur « cet individu [qui] connaît des difficultés évidentes à trouver son équilibre émotif et à exercer son pouvoir de satisfaire ses besoins affectifs en rapport à ses contraintes et à ses déficits ».

Durant ces années, la MSJ élargit considérablement sa visibilité sociale en participant à de nombreux colloques provinciaux, à des tables de concertation, à des réunions régionales et sous-régionales en santé mentale, en publiant des articles, en accueillant des visiteurs européens, etc. En 1988, compte tenu de sa longue expérience de concertation, la MSJ est choisie par ses pairs pour siéger en leur nom à la Table régionale des ressources alternatives et communautaires en santé mentale de la région de Montréal et au Comité aviseur de la sous-région centre-est du Conseil de la santé et des services sociaux de la région de Montréal métropolitain (CSSSRMM). La même année, la MSJ reçoit l'un des deux prix Persillier-Lachapelle pour l'intégration communautaire et l'amélioration des services en santé mentale.

En 1989, la MSJ est invitée à participer aux travaux du comité tripartite du Plan d'organisation des services. Sa présence active lui apparaît comme un moyen privilégié pour faire entendre le point de vue des organismes communautaires et alternatifs auprès de l'État. Ainsi, en mai 1990, elle présentera un mémoire sur le Plan régional d'organisation des services (PROS) de Montréal. Tout en manifestant son accord avec les objectifs du PROS lorsqu'il s'agit d'établir le dialogue entre les différents intervenants, la MSJ signale son inquiétude et craint en particulier que cette uniformisation du cadre général de dispensation des services ne débouche sur une dualisation des services : le traitement médical pour les plus démunis et l'accès aux autres approches thérapeutiques pour ceux qui en auraient les moyens.

LA MSJ : RESSOURCE ALTERNATIVE EN SANTÉ MENTALE

Nous avons vu que la MSJ se définit depuis sa naissance comme une ressource différente en santé mentale. C'est tout un ensemble de caractéristiques interagissant les unes sur les autres qui fait cette différence.

Un individu capable d'agir sur sa souffrance

La réputation antipsychiatrique de la MSJ lui donne encore aujourd'hui une image publique caractérisée par une approche qui se limiterait « à voyager à travers la folie ». En fait, la MSJ a élaboré au cours des années, une approche thérapeutique particulière que l'on pourrait qualifier d'« interactive ». Elle a conservé de l'expérience antipsychiatrique son refus d'adhérer au paradigme de la folie comme maladie. Pour la MSJ, l'expression maladie mentale ne devrait être employée qu'à titre de métaphore dans laquelle la maladie ne serait en fin de compte qu'un signifiant d'appoint pour en remplacer un autre qui nous échappe. La souffrance psychique est impalpable et on ne peut en saisir la source comme lorsqu'il s'agissait d'un organe malade ou blessé.

En ce sens, les problèmes de santé mentale apparaissent davantage à la MSJ comme des manifestations extrêmes et exacerbées de souffrances propres à tout être humain. Or, il arrive qu'avec des legs culturels, relationnels et affectifs inadéquats, un déficit de structuration de leur identité, un milieu familial démesurément oppressant, et l'intégration d'une culpabilisation telle qu'ils s'avèrent inaptes à répondre aux exigences les plus élémentaires de leur milieu sociofamilial, des individus ne peuvent arriver à survivre émotivement qu'à travers une structure instable, fragile, éclatée de leur personnalité. En conséquence, ce n'est jamais *sur* un objet, le « malade » ou le « patient », objet d'observations, d'analyse ou de diagnostics, que travaille la MSJ, mais toujours *avec* un sujet, souffrant à l'issue d'un parcours de vie particulièrement difficile, qui a besoin d'être écouté, aidé, compris et non pas « guéri ».

Le fou s'est vu, depuis la fin du XIXᵉ siècle, attribuer l'appellation de malade mental. Derrière cette expression se profile en fait la compréhension du destin biologique malheureux d'un individu perçu comme totalement privé de toute possibilité d'action sur sa souffrance, de tout pouvoir de reconstruction, d'autonomie à travers un processus de réappropriation de soi. Il est évident qu'une conception semblable de la folie débouche inévitablement sur un questionnement de la réponse institutionnelle à la maladie mentale.

Une organisation autogérée

Depuis sa mise sur pied, la Maison a un fonctionnement qui repose sur des principes autogestionnaires. Par exemple, le directeur de la Maison Saint-Jacques, issu de l'équipe de permanents, est toujours élu par ses pairs ; les responsabilités professionnelles de chacun (animation, entrevues individuelles, admissions, représentations, recherches, etc.) ainsi que le choix des personnes à qui sont confiés ces mandats sont attribuées en équipe en tenant compte à la fois des compétences de chacun et des intérêts de l'ensemble du groupe des travailleurs.

Ce mode de gestion particulier n'est pas sans impact sur l'approche thérapeutique qui est celle de la MSJ. Dans un contexte d'autogestion, chacun des travailleurs et travailleuses se sent responsable de tous les gestes posés par l'ensemble des membres de l'équipe. Personne ne peut se cantonner dans une définition restrictive de ses attributions professionnelles. Quel que soit le niveau des interventions proposées, toutes sont discutées et évaluées par tous les membres de l'équipe. On tend ainsi toujours vers une appréhension globale des besoins et demandes des usagers. De cette façon, ceux-ci font l'expérience d'un milieu cohérent qui empêchent que les particularités individuelles des intervenants ne favorisent les occasions de créer des *double bind* ainsi qu'un découpage artificiel des individus en problèmes détachés.

Concrètement le travail d'équipe, et non seulement en équipe, facilite nettement une approche globale. Bien que chacun des ateliers demeure sous la responsabilité de deux intervenants et que les entrevues individuelles soient menées par un intervenant en particulier, tout ce travail est mis en commun lors de rencontres quotidiennes et de réunions cliniques hebdomadaires qui visent la congruence de la démarche proposée aux usagers. On peut ici faire un parallèle entre les valeurs qui sous-tendent l'autogestion pour les travailleurs et la philosophie d'intervention. En effet, à l'instar de l'autogestion qui implique une responsabilité des actes professionnels, tant de chacun des intervenants que de ceux de l'équipe, le projet thérapeutique vise à permettre à un usager d'obtenir une meilleure prise sur les dimensions de sa vie qui lui échappent.

Un cadre d'intervention : la milieu-thérapie

Le seul fait que la MSJ soit une ressource thérapeutique en santé mentale dont l'approche générale ne soit pas tributaire d'une perspective biomédicale lui confère déjà un caractère alternatif dans un champ nettement dominé par le paradigme médical. De plus, la MSJ offre dans un cadre d'intervention, un milieu de vie qui veut mettre à contribution toutes les dimensions de la personnalité de l'usager engagé dans un projet thérapeutique et non seulement celles qui font problème.

La MSJ accueille des adultes, hommes et femmes, âgés de 18 à 35 ans se reconnaissant une souffrance psychique importante. Peu importe leurs antécédents, ils ont en commun d'exprimer le désir d'être aidés dans leur recherche d'une meilleure compréhension d'eux-mêmes. Comme bon nombre de jeunes adultes de notre époque, ils ont connu le cycle des emplois précaires, du chômage ou de l'assistance sociale. Il en découle souvent une détérioration accentuée de leur image de soi, une cristallisation du sentiment d'impuissance, sinon un retrait social marqué. Sans être à l'origine de leur souffrance, ces conditions de vie difficiles y contribuent souvent.

La démarche qui leur est proposée se déroule essentiellement en groupe de 12 à 16 membres et à entrée continue. L'investissement d'une trentaine d'heures par semaine qui est demandé à l'usager constitue une dimension importante de l'approche, car elle crée des conditions propices à un travail sur soi. Plus précisément, la MSJ utilise tout au long de ce processus une formule dite de « milieu-thérapie ». Cela signifie que l'intervention thérapeutique ne se limite pas au cadre des ateliers formels ni n'est l'apanage exclusif des professionnels. Constitué comme un milieu de vie, le cadre de la MSJ favorise chez l'usager l'expérimentation et l'intégration de ses acquis. En effet, étant appelé à composer avec un vécu de groupe dont les normes reflètent le consensus social (nous nous gardons d'édicter des règles dont le rationnel se limiterait au seul intérêt du fonctionnement institutionnel), il remet inévitablement en scène les modes relationnels qui sont les siens et qui le font souffrir. Il peut ainsi procéder à une évaluation continue de sa démarche. En outre, il développe sa capacité de vivre avec l'autre, de dédramatiser sa situation, de faire des choix et de les assumer. En plus des activités formelles, ce vécu de groupe le met aux prises avec des manifestations de la quotidienneté ; composer des menus, organiser des sorties, négocier son espace d'intimité, etc., offrent de multiples occasions pour travailler *in situ* ses propres difficultés.

L'intensité et la proximité qui se développent dans ce contexte entre les participants et les intervenants commandent un respect des règles éthiques. Les intervenants doivent assurer à chacun des individus dans le groupe un encadrement cohérent et stable. Par ailleurs, ils doivent toujours maintenir une position d'aidant de façon à ne pas donner corps aux fantaisies de rapprochement que fait émerger inéluctablement la relation thérapeutique.

Cette distance permet à l'usager de se (re)trouver en tant que sujet : le contexte d'une milieu-thérapie favorise la remise en scène de conflits intérieurs. Les usagers et les différents intervenants sont autant de représentations des personnages marquants de sa propre histoire. Les intervenants représentent souvent aux yeux des usagers des analogues parentaux. À cet égard, une indistinction des rôles, une non-reconnaissance de ce phénomène favoriseraient au mieux une réparation factice. Celle-ci se révélerait telle en fin de parcours, au moment où la rupture devrait sanctionner la différence et non pas placer l'usager dans la position d'objet de désir de l'autre.

La situation thérapeutique favorise l'expression des désirs par la parole plutôt que dans l'expression d'un agir symptomatique. La distinction des positions permet donc à l'usager de remettre en scène des désirs et des attentes, mais sans donner corps au fantasme. Cette différenciation des rôles ne doit cependant pas être établie sous la seule égide de l'autorité mais bien acceptée de part et d'autre à la façon d'un contrat qui témoigne d'un engagement mutuel. Sans lien de confiance des usagers avec les thérapeutes, et sans l'acceptation de cette distinction des positions, il n'y a pas de mandat thérapeutique qui puisse être donné aux intervenants. En effet, sans lien de confiance, l'usager hésitera à investir sa propre démarche, à sentir les émotions plus dérangeantes et plus difficilement nommables.

L'usager de la MSJ apprend qu'il lui est loisible de profiter des multiples lieux (ateliers, activités informelles) d'écoute et d'échange pour dire sa souffrance et lui trouver un sens. Il est certain qu'une démarche aussi intensive provoque chez chacun des usagers des tensions importantes. Néanmoins, il est indispensable que l'usager à la MSJ s'engage à respecter les règles de vie en groupe : la ponctualité et l'assiduité aux activités dans lesquelles il s'est engagé, ainsi qu'une participation à différentes tâches quotidiennes (préparation des repas, ménage, etc.) que requiert cette vie de groupe. Ceci étant dit, une absence d'investissement, ou tout passage à un acte violent compromettant son intégrité ou celle des autres, peut mettre fin à sa démarche en tout temps.

Nous voyons donc, par ce qui précède, que la MSJ constitue un milieu alternatif dans la mesure où, à la différence des institutions traditionnelles, elle refuse de laisser l'usager en position d'attente irresponsable face à sa démarche. La MSJ constitue un milieu concret de vie où l'usager est en dernier ressort le maître d'œuvre de sa démarche thérapeutique : c'est à lui de faire sa place dans le groupe, de s'impliquer dans sa démarche, d'assumer ses propres engagements, de négocier avec les différentes figures qu'il y rencontre.

Mais plus encore, nous considérons à la MSJ que par ce vécu commun, ainsi que par l'expérience personnelle de chacun, le groupe d'usagers détient pour ainsi dire un savoir et une sensibilité qui lui sont propres et qui constituent des éléments non négligeables de l'intervention, en particulier par les *feedbacks* que les usagers se font les uns aux autres. En ce sens, si le groupe d'usagers n'est pas un intervenant en tant que tel, il agit bel et bien comme un support qui peut jouer un rôle important dans l'intervention : le groupe est à la fois témoin-miroir et participant à la démarche de chacun.

Le processus thérapeutique

Pour illustrer la démarche thérapeutique poursuivie à la MSJ, précisons d'abord qu'il s'agit d'un processus comportant différentes étapes qui ne sont pas nécessairement consécutives et qui peuvent s'entrecouper en cours de route. En fait, la démarche est l'antithèse d'un processus linéaire et automatique. Les butées et les répétitions symptomatiques sont inhérentes à toute démarche thérapeutique et ce qu'il est convenu d'appeler symptômes sont le plus souvent des adaptations, des compromis de survie dans un monde perçu comme menaçant, inaccessible ou inadéquat. Se débarrasser d'un tel arsenal suppose qu'un individu en est arrivé à trouver un équilibre harmonieux entre le réel et la représentation qu'il s'en fait. L'inévitable bouleversement que provoque la rupture de l'équilibre initial, avant d'en atteindre un autre, favorise des retours en arrière plus sûrs et moins angoissants que l'incertaine perspective du changement.

Il est nécessaire pour l'usager d'arriver à se reconnaître une souffrance intérieure à partir de laquelle il demande de l'aide. Cette reconnaissance lui permet de rompre progressivement avec une conception de soi en tant qu'objet, c'est-à-dire qu'il cesse de se concevoir essentiellement comme le jouet de forces externes telles la nature défaillante, la société abusive ou de forces internes sur lesquelles il n'a pas de prise et qui font de lui un malade ou une victime impuissante. La tâche n'est pas facile, puisque c'est là aussi le contenu du discours courant sur la folie et que celui-ci a l'avantage de le dégager de son angoisse. Il faut qu'il réalise qu'il n'y a pas d'organe malade à opérer ou de causes univoques à extirper. Il n'y a que des désirs refoulés, des attentes insatisfaites, une histoire personnelle à se réapproprier.

Au cours de sa démarche, l'usager devra assumer sa nouvelle position d'acteur ou de sujet par un travail d'introspection et de réflexion sur sa propre histoire, sur les enjeux actuels de sa vie relationnelle et émotive. Il en viendra alors à départager ses responsabilités et celles des autres dans ses propres conflits, à amorcer des processus de deuils. Il retrouvera lui-même le sens de ses comportements, de ses affects et de ses représentations. Certaines blessures et échecs sont là pour rester, sauf que l'usager peut en arriver à mieux les intégrer à sa propre histoire et à réinvestir ses énergies dans ses projets de vie, ce qui indiquera la fin de sa démarche.

Enfin, l'usager terminera sa démarche par un processus de rupture qui constitue un véritable « moment de passage ». L'usager fait face à une panoplie d'attentes et de désirs qui n'ont jamais été satisfaits. Ce nouveau détachement à vivre réveille d'autres deuils qui n'ont pas été symbolisés par l'individu et font de celui-ci un amalgame des ruptures qu'il doit assumer pour être en mesure de vivre comme un sujet historicisé.

Les axes d'intervention

Le cadre global de la MSJ s'actualise aussi dans le caractère multidimensionnel de son intervention. Celle-ci se fait suivant quatre axes : le relationnel, l'imaginaire, le corporel et le vécu quotidien. Cette approche s'appuie sur le fait qu'une personne humaine est un être complexe que l'on ne peut appréhender sous un seul angle. Ces différents axes peuvent, chacun à leur façon, favoriser la prise de conscience par l'usager de l'ensemble des dimensions de son vécu.

Ces activités, qui sont élaborées à partir de ces divers axes, vont, par exemple, de la discussion thématique à l'expression artistique en passant par des ateliers d'exploration des idéations et de l'imaginaire des participants. Différentes techniques d'intervention y sont utilisées : la dynamique de groupe, le jeu de rôle et le psychodrame, le rêve éveillé dirigé, etc. Chacune de ces activités est reliée au projet thérapeutique commun. La division en ateliers ne signifie donc pas un découpage de la personnalité en secteurs étanches sans lien les uns avec les autres.

La quotidienneté

La MSJ offre un cadre où l'usager est confronté à des activités concrètes de la vie quotidienne telles l'accueil d'un nouvel usager, des activités ménagères, des démarches auprès de son propriétaire, auprès du bureau d'aide sociale, des démarches d'emploi, etc. À travers ces différentes situations quotidiennes, l'usager est amené à comprendre les motifs de ses échecs répétés, à dépasser ses réticences et ses peurs pour expérimenter de nouvelles situations.

Le relationnel

Dans les ateliers, cette dimension est appréhendée en particulier à travers l'implication dans les discussions de groupe, la capacité de donner des *feedbacks* aux autres membres et d'en recevoir d'eux. Elle est aussi vécue à travers les mises en situation spécifiques provoquées par les différents déclencheurs propres à chaque atelier autour de thèmes particuliers. Ces exercices de groupe permettent aux usagers de prendre conscience de leur réaction face et à travers les thèmes choisis. Ils sont alors amenés à voir leur façon d'interagir en groupe, la place qu'ils y prennent, à travailler des éléments du fonctionnement social tels qu'ils apparaissent dans un contexte relationnel précis. Cette dimension se retrouve aussi, bien sûr, dans tous les moments informels (repas, moments de repos, activités de groupe, etc.) où les usagers vivent, souvent en dehors du regard des intervenants, des relations qui peuvent être significatives.

L'imaginaire

À travers différents gestes créateurs favorisant une mise en actes de l'imaginaire : dessins, créations littéraires ou plastiques, récits de rêves ou imageries, l'usager est amené à libérer sa créativité et son imaginaire des contraintes rationnelles. De cette façon, il lui est permis d'associer et d'explorer à partir de ses créations une partie de son monde imaginaire et de se familiariser avec le symbolisme. Chaque symbole n'étant en fait qu'un indice, le participant est invité à le resituer dans un ensemble plus vaste, à lui donner une forme, à lui prêter un rôle et à lui donner un sens. Ces créations, considérées comme un autre langage, traduiront éventuellement les dynamiques et enjeux reliés à la problématique, l'histoire et l'appréhension de la réalité propre à chacun. Le partage en groupe renforce et stimule cette exploration des significations possibles attribuables à telle ou telle composition. Par ailleurs, tout en étant préoccupé par la création d'un autre, l'usager qui soumet une interprétation est toujours invité à considérer l'apport de ses propres fantaisies.

Le corporel

Le corporel est travaillé tant dans divers ateliers que dans les moments plus informels. Le corps a lui-même son langage (gestes, comportements, attitudes, postures) qui parle de l'histoire de l'usager, de sa colère retenue comme de la tristesse qui le submerge, qui témoigne de sa misère émotive. Par le corps passent aussi la relation aux autres et la difficulté, sinon l'impossibilité, de la communication avec l'autre. La conscience de son corps, de l'image de soi que l'on projette à travers lui, du langage particulièrement signifiant qui est le sien sont au cœur du processus de réappropriation de soi que constitue la démarche à la MSJ.

CONCLUSION

On voit donc que la MSJ est aujourd'hui la résultante de ses vingt ans d'expérimentations, de questionnements et d'acquis. Elle puise cette capacité d'innovations et ce dynamisme qui la caractérisent depuis le début, à la fois dans sa conception particulière de l'intervention en santé mentale, dans son cadre thérapeutique, dans ses structures de fonctionnement et dans son implication dans la communauté. Aussi n'est-il pas étonnant, dans un contexte où l'on parle de plus en plus de désinstitutionnalisation et de développement du rôle du communautaire dans le champ de la santé mentale, que l'expertise non institutionnelle de la MSJ soit de plus en plus reconnue et sollicitée. La MSJ est une expérience unique d'intervention hors institution qui dure depuis vingt ans : elle a fait les preuves non seulement de la viabilité d'un traitement alternatif spécialisé en santé mentale comme le sien mais aussi de sa nécessité dans une société qui se veut ouverte.

Les pratiques de concertation en santé mentale : trois modèles

Deena WHITE
Département de sociologie
Université de Montréal

Céline MERCIER
Unité de recherche psychosociale
Centre hospitalier Douglas

Henri DORVIL
Département de travail social
Université du Québec à Montréal

Lili JUTEAU
Groupe de recherche sur les aspects sociaux
de la prévention (GRASP)
Université de Montréal

Un aspect majeur des récentes politiques québécoises concernant le système de santé, et le système de santé mentale en particulier, réside dans l'encouragement à la « concertation » entre partenaires : établissements du réseau, organismes communautaires, personnes dispensant des soins sur une base formelle et informelle, et bénéficiaires. Mais concertation pour quoi faire ? À partir d'une recherche exploratoire dans trois sous-régions de Montréal, nous décrivons et analysons différentes pratiques de concertation mises en œuvre par les intervenants sur le terrain. Nous faisons l'hypothèse que les pratiques dans chacune des trois sous-régions révèlent une cohérence propre et des caractéristiques distinctives, selon la configuration des ressources de la sous-région, mais aussi selon le modèle de concertation envisagé par les « partenaires » dominants dans la sous-région. Or, nous avons identifié trois modèles de concertation.

Un aspect majeur des récentes politiques québécoises sur le système de santé, et sur le système de santé mentale en particulier, réside dans l'encouragement à la « concertation » entre partenaires : établissements du réseau, organismes communautaires, personnes dispensant des soins sur une base formelle et informelle, et bénéficiaires. Déjà cette orientation du projet de politique en santé mentale se reflétait dans son titre : *Pour un partenariat élargi*. On y mentionnait :

> Le développement du partenariat implique une mobilisation concertée de la personne, de ses proches et des intervenants, des intervenants entre eux, des ressources publiques et de celles du milieu (Harnois, 1987 : 4).

Le Rapport de la Commission d'enquête sur les services de santé et les services sociaux avait aussi retenu l'idée de la « concertation » intersectorielle comme élément de solution à la discontinuité des services (1988 : 482). La politique de santé mentale retient ce principe de « la mobilisation concertée de la personne, de ses proches, des intervenants, de la communauté, des ressources publiques et de celles du milieu » (Gouvernement du Québec, 1989 : 26). Le Livre blanc du ministre Côté vise aussi des mesures pour accroître la concertation (Côté, 1990 : 69).

Devant ces appels répétés à la concertation, on peut se demander s'il ne s'agit pas là seulement d'une autre forme discursive et administrative de gestion des organismes et des interventions dans le champ de la santé, ou si la concertation reflète une réalité vivante sur le terrain, susceptible d'influencer la prestation des services et le vécu des bénéficiaires. Dans cet article, nous nous interrogeons sur les pratiques de concertation sur le terrain en vue de les décrire et d'observer leurs effets potentiels.

Pour mieux comprendre les pratiques et les formes que revêt la concertation dans l'intervention directe, nous avons effectué une recherche dans trois sous-régions de Montréal. L'objectif de cette recherche exploratoire est de décrire et d'analyser différentes pratiques de concertation interorganisationnelle et interprofessionnelle sur le terrain. Nous avons émis l'hypothèse que les pratiques dans chacune des trois sous-régions révéleraient une cohérence propre et des caractéristiques distinctives, selon la configuration des ressources de la sous-région, mais aussi selon le modèle de concertation envisagé par les « partenaires » dominants dans la sous-région. Notre but était de dégager trois « idéaux-types » de concertation, trois conceptualisations construites à partir de la réalité (Weber, 1978).

Dans le domaine des relations industrielles, où le concept a d'abord été utilisé, la concertation vise à réduire les revendications contradictoires des acteurs clés auprès du gouvernement (Bélanger, 1988). Dans le domaine de la santé en général et de la santé mentale en particulier, l'objectif dans ce dernier domaine semble toujours l'établissement d'un consensus. Cependant, au lieu de chercher à éliminer les revendications contradictoires, on cherche plutôt à réduire les comportements cloisonnés des organisations et des professionnels impliqués dans l'intervention, de transcender les frictions autour des diverses philosophies d'intervention en santé mentale et de dépasser les stratégies conflictuelles. Bref, on cherche à tisser la trame d'une coopération interorganisationnelle et interprofessionnelle, afin de surmonter les obstacles à la prestation d'un support continu et compréhensif aux personnes qui ont des problèmes de santé physique, mentale ou des difficultés sociales.

Suivant cette proposition, nous faisons l'hypothèse que la réussite ou l'échec de la concertation n'apparaîtrait pas aux tables de concertation où se retrouvent un nombre restreint de décideurs, de planificateurs, de coordonnateurs ou d'intervenants pour discuter des points de différence et de convergence et pour arriver à un consensus. La mesure de la réussite ou de l'échec de la concertation serait plutôt observable sur le terrain, dans les formes de coopération qui se tissent entre intervenants provenant de différents organismes, de différentes professions et de différents courants idéologiques, et qui se concertent autour des problèmes particuliers vécus par leurs clients.

Cette concertation sur le terrain est certes fonction en bonne partie de la structuration des rapports interorganisationnels et interprofessionnels sur le territoire, c'est-à-dire des acteurs collectifs en présence, de leurs intérêts, de leurs discours et de leurs moyens respectifs, et finalement de la dynamique de leurs rapports de force. Cependant, nous ne sommes pas directement concernés par ce niveau plus structurel des relations, phénomène plus visible aux tables de concertation. Nous nous intéressons plutôt aux conséquences de cette structuration sur le comportement des intervenants de première ligne et, ultimement, sur les clients.

NOTRE DÉMARCHE :
UNE ÉTUDE DE TROIS SOUS-RÉGIONS MONTRÉALAISES

Afin de mieux comprendre les pratiques et les formes que revêt la concertation sur le terrain, nous avons effectué une recherche exploratoire dans trois sous-régions de Montréal[1]. À partir de l'hypothèse suivant laquelle les pratiques d'intervention vont découler de la structuration des rapports interorganisationnels et interprofessionnels dans un territoire, la première étape de la recherche a consisté à définir les trois modèles, ou idéaux-types, de structuration de ces rapports dans les sous-régions étudiées.

Après avoir effectué une douzaine d'entrevues avec des coordonnateurs du développement de ressources communautaires en santé mentale des six sous-régions de Montréal[2], ainsi qu'avec d'autres informateurs clés dans le domaine, le choix des sous-régions s'est arrêté sur le Sud-Ouest, le Centre-Est et l'Est, étant donné les différences et les similitudes que présentent ces sous-régions.

Comme l'illustre le tableau 1, les trois sous-régions retenues présentent des contrastes tant au plan démographique, au plan des ressources en santé mentale qu'au plan des budgets dont elles disposent. De ces trois sous-régions, le Sud-Ouest est la moins peuplée et celle qui compte le moins de ressources en santé mentale. Cependant, cette sous-région abrite un important centre hospitalier psychiatrique, et les ressources alternatives y sont proportionnellement bien représentées par rapport à celles du réseau public.

TABLEAU 1			
Territoire du DSC	Sud-Ouest Verdun	Est Maisonneuve-Rosemont	Centre-Est St-Luc
Population 1986	180 872	403 628	242 422
% population de Mtl[3]	9 %	20 %	12 %
Statut socio-économique[4]	7,63 (m/m-bas)*	6,92 (moyen)	9,13 (m/m-bas)*
Écart type	(2)	(1,45)	(1,03)

* m/m-bas = moyen/moyen-bas

---

1. WHITE, RENAUD, DORVIL et MERCIER (1991). Les chercheurs remercient le CQRS pour les fonds qui ont rendu possible cette recherche (projet n° RS-1465 MSS SM).
2. Les sous-régions correspondent aux territoires de DSC, exceptées deux sous-régions non retenues pour cette étude qui comprennent deux territoires de DSC chacune.
3. MAYER-RENAUD et RENAUD (1989).
4. MAYER-RENAUD et RENAUD (1989). L'indice de statut socio-économique (ISSE) : 0 : une dévalorisation nulle; 12 : une défavorisation extrême.

Nombre d'hôpitaux psychiatriques	1	3	0
Lits en psychiatrie (hôpitaux généraux)[5]	914	3 592	0
Nombre d'hôpitaux généraux avec départements de psychiatrie	0	1	5[6]
Lits en psychiatrie (hôpitaux généraux)	0	68	235
CLSC avec programme en santé mentale	2	7	3
Ressources communautaires et alternatives en santé mentale[7]	6	3	10
Structures intermédiaires[8]	0	8	3
Lits en familles d'accueil	117[9]	519[10]	0
Lits en pavillons et centres d'accueil[11]	0	338	74
Ressources financières[12] (% total de Mtl)	28 196 000 $ 14 %	62 125 000 $ 30,9 %	10 243 000 $ 9,6 %
Dépenses per capita	155,18 $	151,05 $	79,55 $

5. CRSSS-MM (1989). Sont inclus les lits de courte et longue durée, d'hébergement et de réadaptation.

6. Deux hôpitaux font partie du territoire du DSC Montreal General Hospital, mais sont toutefois associés à la sous-région Centre-Est en ce qui a trait à la santé mentale.

7. Comités aviseurs des trois sous-régions, 1990. Les ressources communautaires et alternatives sont des organismes sans but lucratif (OSBL) autonomes.

8. Comités aviseurs des trois sous-régions, 1990. Les structures intermédiaires sont des OSBL ayant des contrats exclusifs avec des institutions.

9. Communication personnelle d'André Bigué du Centre hospitalier Douglas. Nombre approximatif en 1990.

10. Document de travail de Chantal Perreault intitulé *Ressources en hébergement pour clientèle adulte psychiatrique sur le territoire du DSC Maisonneuve-Rosemont.*

11. Chiffres tirés des travaux d'inventaire dans le cadre du développement du PROS, CRSSSMM.

12. CRSSSMM, mars 1990.

L'Est, au contraire, constitue la sous-région la plus vaste et la plus peuplée, et abrite le plus de ressources en santé mentale. On y trouve le plus important centre hospitalier psychiatrique du Québec (1 950 lits), ainsi que deux autres. Les ressources du réseau public, incluant les structures intermédiaires, y sont prédominantes par rapport aux ressources communautaires alternatives et communautaires. Finalement, le Centre-Est se distingue par une population plus hétéroclite que celle des deux autres sous-régions, sans doute en raison de sa localisation au centre-ville de la métropole. L'absence d'établissement à vocation exclusivement psychiatrique est compensée par plusieurs hôpitaux généraux pourvus d'un département de psychiatrie. Comme dans le Sud-Ouest, on trouve aussi dans le Centre-Est une importante concentration d'organismes communautaires.

Ces trois sous-régions se classent aux trois premiers rangs des zones les plus défavorisées de Montréal (Mayer-Renaud et Renaud, 1989). Le Sud-Ouest et l'Est, zones à dominance industrielle, ont toutes deux connu depuis les années 70 un déclin économique qui a entraîné de lourdes pertes d'emploi. Cependant, c'est le Centre-Est qui est le plus fortement touché par la pauvreté.

Pour documenter les formes de pratiques concertées sur le terrain dans la seconde étape de la recherche, nous avons réalisé des interviews semi-structurées avec quarante-cinq intervenants de professions différentes œuvrant dans les trois sous-régions retenues. Les répondants ont été sélectionnés en fonction de leur appartenance à des types d'organisme différents (hôpital, CLSC, ressource communautaire, structure intermédiaire), à des professions différentes et à des sous-régions données. Ils ont répondu à une grille d'entrevue comportant des questions ouvertes d'une durée approximative de deux heures. Les thèmes abordés incluaient des informations générales sur l'organisme et les pratiques du répondant, et sur la nature des liens maintenus avec d'autres intervenants et d'autres organismes. Le répondant était également invité à répondre à des mises en situation présentées sous forme de deux vignettes. Chacune de ces vignettes illustrait une problématique type et le répondant devait indiquer les consultations auprès d'autres types d'intervenants, et les références vers d'autres organismes ou intervenants pouvant être données pendant et à la fin de l'intervention à une personne ayant ce type de problème.

LES TRAITS GÉNÉRAUX DE LA CONCERTATION SUR LE TERRAIN

Les entrevues ont révélé que les rapports interorganisationnels se concrétisent de multiples façons dans toutes les sous-régions. La nature des rapports peut nécessiter des rencontres directes (face à face ou par téléphone) entre les intervenants de différents organismes, mais aussi prendre des formes moins directes, comme par exemple lorsqu'on informe les usagers sur les services offerts par d'autres ressources. Il est fréquent que deux ou plusieurs intervenants de ressources différentes, tant du secteur public que communautaire, se consultent et conviennent de suivre conjointement un usager. D'autres rapports reposent sur des liens plus formels, où les intervenants communiquent entre eux uniquement dans des cadres précis et à intervalles réguliers prévus à cette fin. C'est le cas, par exemple, des centres hospitaliers et des cliniques externes où se trouvent des équipes multidisciplinaires.

Les rapports peuvent viser des intervenants de diverses professions, intégrés à une même institution, à un même secteur ou évoluant dans des secteurs différents. Des rapports plus ponctuels mettent également en jeu des acteurs n'intervenant pas dans le champ de la santé mentale, tels les proches des usagers, des agents d'aide sociale, des propriétaires des logements où habitent des usagers, le personnel de restaurants fréquentés par des usagers. Notre recherche n'a cependant pas touché ces formes de concertation.

Au cours des entrevues, on a aussi pu relever des axes de clivage ou de solidarité qui altèrent les rapports entre intervenants. Ces enjeux sont présents partout, bien qu'ils puissent se manifester d'une manière positive ou négative, et avec plus ou moins d'acuité. Ces axes de clivage/solidarité se retrouvent aux plans idéologique, organisationnel et professionnel.

Au plan idéologique, la majorité des répondants ont fait allusion à des divergences auxquelles se heurtent tant les promoteurs de l'approche biomédicale en psychiatrie que les tenants de l'approche alternative ou communautaire. Dans certains cas, peu importe le courant auquel adhère la personne, ces divergences produisent peu d'impact auprès d'un usager qui, par exemple, sera tout de même orienté vers une ressource promouvant une approche différente. Dans d'autres cas, des philosophies d'intervention différentes peuvent entacher les relations au point d'engendrer des frictions susceptibles de rompre la possibilité d'établir des rapports. Nous tenterons plus loin d'expliciter certaines conditions pouvant avoir une influence sur ces tendances.

Au plan organisationnel, la qualité des rapports peut être altérée lorsque sont impliqués des intervenants d'organismes d'implantation récente ou dont la mission et les services sont peu connus. En entrevue, des intervenants de ressources plus jeunes, et surtout de celles reliées au réseau communautaire, ont déploré n'être que rarement consultés par des intervenants du réseau public, comme si leur rôle ou leur apport était jugé secondaire, marginal, voire non crédible. La non-utilisation ou la sous-utilisation de ressources communautaires peut aussi être reliée à la perception de la pertinence de leurs interventions pour la clientèle hospitalisée.

Au plan professionnel, il ressort clairement des entrevues que le rôle et le statut des intervenants influent sur leurs rapports. L'implication des intervenants dans la concertation semble diminuer à mesure que s'élève leur statut professionnel. Ainsi, la collaboration entre travailleurs sociaux et intervenants communautaires nous est apparue beaucoup plus étroite qu'elle ne semble l'être entre les groupes communautaires et les psychiatres. De plus, contrairement à ce que l'on pourrait croire, faire partie d'une même équipe multidisciplinaire ne facilite pas les rapports entre les intervenants. En dépit de la surenchère au sujet de l'approche bio-psycho-sociale dans les écrits, selon un bon nombre de personnes interviewées, le modèle biomédical occupe toute la place dans ces équipes et plusieurs intervenants vivent en marge des processus décisionnels.

Si ces trois axes de clivage/solidarité se manifestent dans l'ensemble des entrevues auprès des intervenants dans les trois sous-régions étudiées, ils se présentent différemment d'une sous-région à l'autre. Par exemple, l'idéologie intervient parfois en tant qu'axe de ségrégation fort, mais elle peut aussi constituer un axe d'intégration.

Outre ces éléments ayant une influence sur la concertation, éléments soulevés par les personnes interviewées, nous avons relevé deux axes additionnels qui peuvent modeler les pratiques de concertation. Premièrement, il s'agit des règles du jeu en place pour coordonner les ressources du territoire. De telles règles peuvent s'avérer plus ou moins explicites, plus ou moins formelles. Elles peuvent imposer un ordre plus ou moins hiérarchique entre professions ou organisations. Par ailleurs, certaines relations peuvent être tout à fait volontaires sans qu'un organisme n'ait l'autorité de les imposer. Deuxièmement, la concertation peut se faire entre l'ensemble des organisations en santé mentale d'une sous-région, ou uniquement entre un nombre restreint d'organisations. Les entrevues ont permis de construire, à partir des axes identifiés par les répondants ainsi que par les chercheurs, trois modèles ou « idéaux-types » de concertation. Ces modèles sont esquissés dans le tableau 2.

Tableau 2

TROIS MODÈLES DE CONCERTATION À MONTRÉAL

	La collaboration (Sud-Ouest)	La complémentarité (Est)	Les alliances (Centre-Est)
Mobilisation des rapports	Leadership communautaires et institutionnel	Leadership institutionnel	Leadership communautaire ou institutionnel
Forme de coordination interorganisationnelle (Règles du jeu en place)	Ententes parfois formelles mais surtout informelles	Liens administratifs et contrats de service	Ententes, contrats ou liens administratifs
Niveau d'autonomie organisationnelle	Forte	Faible	Variable
Axes d'intégration	L'idéologie, valeurs en commun	Système institutionnel	Pragmatisme (p. ex., proximité et clientèle cible)
Axes de ségrégation	Ancienneté de la ressource	Réseau public – autres établissements et professions	Idéologie et profession
Niveau de cohérence sous-régionale	Forte	Forte, avec quelques ressources marginales	Faible, plusieurs mini-réseaux

TROIS MODÈLES DE CONCERTATION

Les modèles de concertation que nous présentons ici ne sont que des « idéaux types » ou des concepts, et non pas des profils fidèles des pratiques. Selon M. Weber, l'idéal type ne doit pas correspondre à la réalité, mais constituer plutôt une esquisse de celle-ci qui met l'accent sur un trait ou un ensemble de traits choisis selon les objectifs du chercheur. Nos modèles de concertation se situent dans ce cadre conceptuel : ils ne visent pas à décrire les pratiques dans les sous-régions, mais uniquement à les caractériser afin de distinguer des façons de faire différentes.

Dans le Sud-Ouest, le modèle qui se dégage peut être qualifié de « collaboration ». Dans ce modèle, les intervenants de l'ensemble des organismes sur le territoire sont en relation les uns avec les autres, projetant ainsi une image sous-régionale très cohérente. Peu d'organismes, publics ou communautaires semblent évoluer en marge des autres, et tous peuvent établir des liens, qui sont généralement informels. Seuls les organismes nouvellement créés paraissent jouer un rôle plus discret au chapitre de la concertation, ce qui entraîne une certaine polarisation des rapports entre les anciennes ressources et les plus récentes.

La concertation ne repose sur aucun mécanisme formel de coordination dans ce modèle. Les contrats et les ententes de services entre organisations sont rares sinon absents. Aucun organisme n'assume un rôle pivot, sauf la table de concertation des ressources alternatives. L'hôpital psychiatrique cherche souvent l'appui des ressources communautaires et celles-ci y ont accès assez facilement. D'ailleurs, les rapports sont informels et spontanés, mais constants. L'idéologie communautaire empreint les nombreux liens qui se tissent entre les intervenants des organismes communautaires et publics. C'est, à notre avis, ce facteur qui alimente le plus la concertation dans un modèle de collaboration.

Nous distinguons les rapports qui prédominent dans l'Est de Montréal par le modèle de « complémentarité ». En fait, la complémentarité désigne un mécanisme de concertation où les rôles et les objectifs de chaque organisme et de chaque acteur sont clairement différenciés, souvent par la définition formelle de mandats. Ainsi, les actions des différents organismes et intervenants semblent fragmentées, et selon nos répondants, l'atteinte d'objectifs communs devient une entreprise laborieuse. Chaque organisme développe aussi des stratégies intéressées et un sens de responsabilité unique. C'est ainsi qu'un intervenant nous disait, sur la question des relations avec d'autres organismes : « On a la prise en charge de l'usager et on ne la transfère pas ailleurs ».

Ce modèle de concertation favorise un haut niveau de cohérence entre les ressources de la sous-région. Cette cohérence, gravitant autour des institutions les plus importantes, est maintenue par des liens verticaux, des contrats formels et l'autorité réservée aux professionnels rattachés à l'institution. Les rapports interprofessionnels sont aussi soumis à un ordre hiérarchique partant du sommet à la base. Dans bien des cas, la communication est transmise par personne interposée. À titre d'exemple, un intervenant au suivi des appartements supervisés dans l'Est de Montréal ne communiquera pas personnellement avec le psychiatre ou le travailleur social d'un usager, mais devra transmettre son message à un agent de coordination, qui à son tour l'acheminera au professionnel concerné. Si ce réseau apparaît en soi complet, il ne faut pas perdre de vue que la source première de clivage dans ce modèle se situe entre les institutions elles-mêmes, et entre celles-ci et les quelques organismes communautaires qui vivotent autour d'elles.

Le Centre-Est renvoie l'image d'une sous-région hybride, comportant des traits empruntés aux deux autres sous-régions. Ce modèle peut être qualifié « d'alliances ». Les organismes communautaires et alternatifs autonomes y sont beaucoup plus nombreux que dans l'Est. De même, on y retrouve davantage de contrats ou d'ententes de services avec les organismes du réseau public que dans le Sud-Ouest. Ceci crée une dynamique où la concertation sur le terrain n'est pas diffuse à l'ensemble des organismes comme dans le Sud-Ouest du territoire, mais se tisse à travers une variété d'alliances et revêt différentes formes.

Les liens formels peuvent être très efficaces dans le modèle d'alliances, palliant ainsi l'absence de cohérence idéologique plutôt caractéristique du modèle de collaboration. En effet, les entrevues ont permis de déceler des signes évidents de méfiance mutuelle des intervenants des ressources publiques et alternatives, comme en témoignent ces commentaires recueillis auprès d'un intervenant d'une ressource alternative : « La psychiatrie a une "job" à faire ; qu'ils [les psychiatres] ne fassent pas 25 affaires, ils sont là pour donner un service psychiatrique, médical par rapport à l'approche de la santé mentale ». En revanche, certains professionnels du réseau public estiment que « trop de gens s'improvisent intervenants ».

On constate néanmoins que des intervenants d'organismes communautaires et des hôpitaux ainsi que des ressources évoluant hors du champ de la santé mentale (pour les sans-abri ou les femmes violentées, par exemple) s'efforcent de conjuguer leurs efforts et parviennent à établir des alliances. Compte tenu de la diversité et de la complexité des problèmes inhérents au Centre-Est – itinérance, extrême pauvreté, absence de logement –, une intervenante en centre hospitalier nous a signalé : « On ne pratique pas la psychiatrie de la même façon quand on travaille au centre-ville qu'à Saint-Jean-de-Matha ».

Somme toute, dans le modèle d'alliances, les rapports interorganisationnels et interprofessionnels sont beaucoup plus fréquents que dans le modèle de complémentarité, mais plus fragmentés que dans le modèle de collaboration. Les alliances n'offrent pas une forte cohérence à la sous-région. Il n'y a pas une pratique de concertation, mais plutôt un éventail de pratiques s'articulant dans des mini-réseaux distincts. Si les alliances entre le réseau public et communautaire ne sont pas rares, elles semblent prédominer là où plusieurs organismes sont appelés à se côtoyer. Le fait d'être ancré dans un même quartier et de servir une même clientèle semble faciliter ces alliances. Toutefois, le Centre-Est est fortement animé par le débat idéologique relatif aux différentes approches en santé mentale.

Sans prétendre décrire de manière exhaustive les relations existant entre intervenants, organismes et secteurs d'activité à l'intérieur d'un même territoire, nous croyons que cette typologie de modèles des relations vécues sur le terrain peut tout de même permettre de dégager certaines conclusions quant à la concertation. Comme dans tout « idéal type », ces modèles ne visent pas à décrire empiriquement ce qui se passe dans une sous-région ; ils ne visent qu'à servir d'outil conceptuel pour relever les similitudes et les différences qui peuvent exister sur le plan de la concertation.

ANALYSE TRANSVERSALE DES MODÈLES

Même si nous pouvons observer trois modèles différents de relations sur le terrain, nous ne leur prêtons pas une valeur égale au regard de la concertation. Ces trois modèles doivent être évalués à partir de l'objectif de la concertation, soit le *développement d'une reconnaissance mutuelle des intérêts en commun et de ceux qui sont en contradiction, afin de briser le cloisonnement des acteurs et de favoriser la coopération sur le terrain.* Si parfois il s'agit de développer un lien communicationnel là où il n'en a jamais existé, d'autres fois il s'agit plutôt de créer des liens communicationnels qui s'inscrivent en diagonale par rapport aux mandats et aux rapports formels pouvant exister depuis longtemps.

À partir de cette perspective sur la concertation et des entrevues faites auprès de divers intervenants dans les trois sous-régions étudiées, nous sommes en mesure de formuler une hypothèse, à savoir que la *collaboration* et les *alliances* sont des modèles de concertation mieux parachevés que le modèle de *complémentarité*. Si dans le modèle de collaboration, l'idéologie ou les valeurs en commun servent d'axe de solidarité et d'intégration, dans le modèle d'alliances, l'idéologie représente plutôt un axe de clivage. Celui-ci est cependant surmonté par un *pragmatisme* qui favorise la tolérance, voire le respect mutuel entre divers organismes et professions. L'orientation se dirige vers les intérêts communs, à savoir des clientèles partagées. Par contre, dans le modèle de *complémentarité*, le cloisonnement et la méfiance entre les différentes catégories d'intervenants et entre les institutions et le secteur communautaire semblent gêner l'émergence d'une concertation efficace.

Notre objectif, dans cet article, n'est pas de discuter des trois modèles du point de vue de leurs effets possibles sur le vécu des usagers de services[13]. Nous aborderons plutôt les questions suivantes : Comment peut-on expliquer l'émergence ou le développement de modèles différents de concertation? Quels processus semblent être à l'œuvre pour freiner ou pour favoriser une concertation dynamique? En faisant référence aux facteurs contextuels correspondant aux trois sous-régions d'où émergent les modèles différents, nous pouvons considérer certains facteurs susceptibles de jouer un rôle important dans le développement des modèles différents de concertation sur le terrain.

Premièrement, sur le plan de la cohésion, il nous semble que là où existent des institutions psychiatriques, la concertation intègre l'ensemble des ressources, bien que cela puisse prendre des formes diverses. Par contre, l'absence d'un grand hôpital psychiatrique, ou bien l'existence de plusieurs hôpitaux généraux, favorise le développement de plusieurs champs de concertation qui ont alors tendance à s'élaborer autour des sous-populations des petits quartiers ; de là, l'émergence de la concertation au sein des mini-réseaux d'alliances organisationnelles.

Deuxièmement, la configuration des ressources dans les sous-régions nous apparaît aussi significative dans le développement des modèles différents de la concertation, ce qui peut rendre compte des divergences dans les deux sous-régions qui abritent un hôpital psychiatrique. Dans l'Est tout comme dans le Sud-Ouest, la présence d'un hôpital psychiatrique constitue un facteur déterminant. Les contrastes observés au niveau de la concertation sont toutefois énormes. Ils peuvent être attribués au fait que les organismes communautaires sont beaucoup plus répandus dans le Sud-Ouest que dans l'Est, qu'ils sont plus anciens et qu'ils s'inscrivent dans une tradition de militantisme communautaire. Nous croyons que ce facteur influe également sur le développement des pratiques de concertation dans le Centre-Est, où

---

13. Un article sur la continuité de support auprès des bénéficiaires de services au sein des mêmes trois sous-régions de Montréal est à paraître dans la revue *Santé mentale au Québec*.

les organisations communautaires ont elles aussi une longue et illustre histoire. À l'instar de Bibeau (1986), nous faisons l'hypothèse que c'est l'absence de partenaires en dehors du réseau intégré dans l'Est qui peut entraver le développement d'une concertation plus dynamique.

Les grandes institutions sont les ressources ayant la plus longue histoire dans l'Est. Elles se sont développées dans un contexte de *monopole* et d'*isolement* dans le champ de la psychiatrie. À la fin des années 60, l'alternative que représentait la *psychiatrie communautaire* est apparue dans l'Est comme une revendication de réforme institutionnelle. Faute de ressources prônant un paradigme autre que celui de la pratique psychiatrique réformée, les institutions ont procédé au développement de structures intermédiaires, lesquelles constituaient une réforme importante de l'institution, mais demeuraient néanmoins intégrées à celle-ci. Cette situation est bien différente de celle du Sud-Ouest et du Centre-Est où, pendant les années 60, il existait déjà une forte présence d'action communautaire dans le domaine de la santé.

Dans le Sud-Ouest, l'hôpital psychiatrique a été parmi les premiers dans le monde occidental à favoriser la désinstitutionnalisation, et cela de concert avec la communauté. Si cet hôpital a suivi un modèle de désinstitutionnalisation plus avant-gardiste que ceux de l'Est, c'est qu'il était appuyé, et peut-être même incité, par un défi provenant de l'*extérieur* du domaine carrément psychiatrique, c'est-à-dire des groupes de pression ayant un modèle plutôt social de la « maladie mentale », de ses origines et de ses solutions. Ainsi, l'hôpital n'a pas entrepris une réforme uniquement interne, mais a participé également à une réforme de la relation entre l'institution et la communauté. En l'absence d'une telle communauté active pour agir à la fois comme provocateur et partenaire, l'isolement des hôpitaux de l'Est s'est prolongé et renforcé.

Ainsi, en raison de la faiblesse de l'action communautaire à la base, un système de services publics complémentaires et étroitement coordonnés par des liens contractuels et des rapports professionnels hiérarchiques s'est implanté dans l'Est. Ce système s'est prolongé ensuite par le développement de structures intermédiaires en santé mentale, pour créer des mécanismes de coordination formelle de type « réseau public ». Les ressources alternatives qui ont émergé dans les dernières années de la décennie 80, n'ont pas réussi à ébranler ce système de béton. Par ailleurs, l'ensemble des établissements et des intervenants œuvrant dans l'Est n'est pas en mesure de contrecarrer les règles du jeu formelles et fortement implantées dans la sous-région. Tout cela montre clairement l'effet de l'absence d'activité communautaire oppositionnelle. Pour reprendre une notion de Godbout (1987), un système ne se transforme pas sans une injection d'énergie de l'extérieur.

Le rapport de forces relativement égalitaire entre les ressources institutionnelles et communautaires au Centre-Est a favorisé le développement de relations plus éclatées que dans l'Est et le Sud-Ouest, ainsi que le maintien des clivages idéologiques importants. Ce qui indique qu'une convergence idéologique n'est pas un préalable nécessaire à la concertation et que, s'il y a une reconnaissance des intérêts communs, des alliances peuvent quand même s'établir sur une base pragmatique, afin de mieux aider une clientèle particulièrement difficile.

CONCLUSION

Une première conclusion que nous pouvons tirer de cette recherche est que la concertation a peu de chances de se développer en l'absence d'organismes *autonomes* vis-à-vis le système institutionnel, parvenus à maturité et capables d'exercer une influence sur un axe diagonal à la structure d'un système de services rigidement intégré. Ces organismes autonomes existaient dans le Sud-Ouest et dans le Centre-Est, mais étaient absents dans l'Est. Dans cette région, la seule avenue possible pour « communautariser » les services est le développement de ressources intermédiaires dont les hôpitaux eux-mêmes sont les instigateurs. Cependant, une telle forme de développement a tendance à reproduire la forme systémique, c'est-à-dire la rigidité et le cloisonnement que l'on cherche à briser aujourd'hui par l'appel à la concertation. Ce modèle de la complémentarité semble favoriser les concurrences organisationnelles autour des mandats et l'isolement professionnel, et en conséquence, interfère avec l'émergence d'une concertation efficace.

Cette constatation démontre les avantages que comporterait un budget *protégé* destiné au développement de ressources issues de la communauté, tel que prévu dans le *Rapport Harnois* (1987), mais abandonné dans la *Politique de santé mentale* (Gouvernement du Québec, 1989). Dans des régions où existent peu de ressources issues du milieu, un tel budget pourrait servir à développer des alternatives au système en place et contribuer à briser la rigidité et la fermeture reliées à une complémentarité trop exclusive. De même, lorsqu'une sous-région ne dispose pas de ressources alternatives fortes, elle peut difficilement en développer. D'où l'importance des regroupements provinciaux pour diffuser l'expérience et l'expertise provenant de l'ensemble des régions et soutenir l'implantation de nouvelles ressources.

Par ailleurs, à la lumière de nos observations, nous nous demandons si une forte intégration des ressources dans un système, couplée à une coordination serrée, ne constitue pas un handicap à la concertation. Pour privilégier des formes souples de concertation, il apparaît donc préférable d'éviter la construction d'un système surplanifié et surintégré, comportant des rôles, des mandats et des liens contractuels clairement définis. Il semble en effet difficile d'établir avec succès des mécanismes de *contrepoids* à un système déjà rigidifié et renfermé sur lui-même.

L'appel à la concertation et à la souplesse qui l'accompagne devient de plus en plus courant depuis que la Commission Rochon (1988) a révélé « l'inertie » croissante du réseau de la santé et des services sociaux. Cette approche se reflète dans la politique de santé mentale où l'accent est mis sur la « personne » et sur le « partenariat », plutôt que sur la complémentarité des rôles et des mandats. Idéalement, un tel partenariat franchit les barrières traditionnelles entre les différents intervenants, organismes et secteurs d'activité. Cette approche correspond étroitement au concept et aux objectifs de la concertation : elle regroupe un large éventail d'individus, d'organismes et d'institutions, autour de problèmes communs et des besoins des personnes.

Cependant, il n'est pas certain que des structures formelles comme les comités tripartites et les tables de concertation puissent assurer le développement de liens plus riches et plus productifs sur le terrain. Pour arriver à cette fin, il semble plus important, premièrement, de contrecarrer activement tout monopole de services, afin d'assurer l'existence de « partenaires » crédibles et, deuxièmement, de ne pas trop miser sur des liens de coordination – liens formels, contractuels et hiérarchiques –, lesquels peuvent nuire au développement spontané des relations de concertation plus dynamiques, effervescentes et flexibles.

Bibliographie

Bélanger, J.-P. (1988). *Concertation dans le réseau des services de santé et des services sociaux au Québec*, Québec, Commission d'enquête sur les services de santé et les services sociaux, dossier thématique.

Bibeau, G. (1986). « Le facteur humain en politique. Application au domaine de la santé mentale », *Santé mentale au Québec*, vol. 11, n° 1, 19-41.

Commission d'enquête sur les services de santé et les services sociaux ou Commission Rochon (1988). *Rapport de la Commission d'enquête sur les services de santé et les services sociaux (Rapport Rochon)*, Québec, Les Publications du Québec, 803 p.

Conseil régional de la santé et des services sociaux de Montréal métropolitain (CRSSSMM) (1989). *Répertoire des établissements publics et privés*, Montréal, CRSSSMM.

Côté, Marc-Yvan (1990). *Une réforme axée sur le citoyen*, Québec, Ministère de la Santé et des Services sociaux.

Godbout, Jacques T. (1987). *La démocratie des usagers*, Montréal, Boréal Express.

GOUVERNEMENT DU QUÉBEC (1989). *Politique de santé mentale*, Québec, Les Publications du Québec.

HARNOIS, G. et COMITÉ DE LA SANTÉ MENTALE DU QUÉBEC (1987). *Pour un partenariat élargi*, Québec, Ministère de la Santé et des Services sociaux.

MAYER-RENAUD, M. et RENAUD, J. (1989). *La distribution de la pauvreté et de la richesse dans la région de Montréal en 1989. Une mise à jour*, Montréal, Centre de services sociaux du Montréal métropolitain (CSSMM).

WEBER, M. (1978). *Economy and Society*, Berkeley, University of California Press.

WHITE, D., RENAUD, M., DORVIL, H. et C. MERCIER (1991). *La concertation et la continuité des soins en santé mentale : une étude de trois sous-régions montréalaises.*

Mouvement social et question nationale : un instrument de réflexion pour les membres de Au Bas de l'Échelle

Jacques Boucher[1]
Étudiant au doctorat en sociologie
Université du Québec à Montréal

Cet article reprend un texte qui a servi d'amorce de réflexion sur la question nationale à une organisation populaire de défense des travailleuses et des travailleurs non syndiqués, Au Bas de l'Échelle (ABE). On y situe d'abord le groupe dans l'ensemble des mouvements sociaux québécois en transformation et en développement depuis les trente dernières années pour y identifier leurs tendances actuelles. Ensuite, on établit une distinction entre, d'une part, la question constitutionnelle et sa portée politique partisane et, d'autre part, la question nationale et les divers types de nationalisme qui ont eu cours dans notre histoire. Cette opération permet de voir plus spécifiquement en quoi le débat constitu-

---

1. L'auteur est membre du Conseil d'administration d'Au Bas de l'Échelle (ABE), mais ce texte ne reflète pas nécessairement le point de vue de ce groupe.

tionnel actuel touche les salariés, plus particulièrement les clientèles d'ABE. Enfin, elle nous conduit à ouvrir le questionnement sur
le projet social du Québec de demain, lequel se situe au plan de la
question nationale qui demeure plus large et englobante
socialement que le débat constitutionnel. La conclusion fait le
point sur l'utilisation de ce texte par ABE et lance quelques
hypothèses sur ses hésitations à s'impliquer dans le débat constitutionnel.

Plusieurs organisations populaires et communautaires hésitent à aborder de
front la question nationale et à s'aventurer dans le débat constitutionnel. Au
Bas de l'Échelle (ABE), qui s'occupe de la défense des travailleuses et des travailleurs non syndiqués, est de celles-là. Certains membres avaient manifesté
le désir de débattre la question nationale ; mais jusqu'à l'année dernière, il ne
se dégageait pas une volonté suffisamment générale pour passer à l'action
dans cette organisation habituée à fonctionner par consensus. Cependant, les
porte-parole du groupe se voient de plus en plus sollicités à exposer le point
de vue d'ABE sur le sujet par d'autres organisations ou regroupements du
mouvement populaire et communautaire ou du mouvement des femmes.
C'est donc en partie à cause de l'interpellation d'autres groupes du mouvement social qu'ABE a entrepris une démarche d'étude sur la question pour en
arriver à se prononcer éventuellement sur le sujet.

Au printemps 1991, l'Assemblée générale créait un Comité de réflexion
politique sur l'avenir du Québec qui déposait, en décembre dernier, un texte
de réflexion devant servir éventuellement à des journées d'études. Ce texte,
intitulé Au Bas de l'Échelle et la question nationale[2], n'est ni un rapport de
recherche, ni une synthèse complète sur la question. Il s'agit plutôt d'un outil
didactique qui permet au groupe d'amorcer la réflexion, en précisant un certain nombre de concepts et en présentant une problématique sur le sujet.

L'objectif du présent article ne consiste pas à analyser la portée d'une
telle démarche ou à expliquer les hésitations d'ABE à se prononcer sur la
question nationale du Québec. Il vise plutôt à partager cette amorce de réflexion avec d'autres groupes et personnes intéressées à l'intervention sociale.
Il reprend donc le contenu du document de façon synthétique. Tout d'abord,
on y présente la situation d'ABE dans l'ensemble du mouvement social et de
son évolution. En deuxième lieu, on y distingue et y situe les concepts de
question nationale et de débat constitutionnel. On y établit ensuite les rapports qui existent entre ABE et le débat constitutionnel d'une part, et le projet
de société plus directement rattaché à la question nationale, d'autre part.

---

2. Ce texte, tout comme le présent article a été élaboré avec la collaboration de Rachid Bagaoui et
de Ghislaine Paquin, membres du Comité de réflexion politique d'ABE tout comme l'auteur.

Enfin, la conclusion rendra brièvement compte de la poursuite de cette démarche par le groupe.

AU BAS DE L'ÉCHELLE ET LE MOUVEMENT SOCIAL

Depuis sa fondation, ABE se consacre à la défense de la majorité de la force de travail salariée du Québec dont plus de 55 % n'est pas syndiquée. Cette organisation est impliquée dans le mouvement social[3] comme groupe du mouvement populaire et communautaire, mais elle se retrouve aussi dans la frange du mouvement syndical en se préoccupant des rapports de travail et des conditions de vie de la portion la moins protégée du salariat. Or, parmi cette dernière, on compte surtout des femmes, des jeunes, des immigrantes et des immigrants. ABE se retrouve donc au carrefour de divers groupes et à la croisée de différents mouvements sociaux : syndicats, femmes, jeunes, groupes ethniques, groupes populaires et communautaires. Aussi note-t-on sa présence à plusieurs tables de travail intergroupes, fédérations et coalitions typiques de ces différents mouvements, ce qui pourrait en faire une sorte d'organisation baromètre du mouvement social.

Avant de relever les tendances actuelles des mouvements sociaux au Québec, il importe de présenter, fût-ce à grands traits[4], les faits majeurs de leur histoire récente. D'abord, il faut se rappeler que le tout premier mouvement social à s'organiser dans la société industrielle a été le mouvement syndical qui, jusqu'aux années 70, avait tendance à exercer une hégémonie sur le mouvement social. Au cours des années 60, on vit apparaître un nouveau mouvement nationaliste et les premiers groupes autonomes[5], centrés sur des enjeux de consommation, prémices du mouvement populaire. Au cours des années 70, le mouvement social allait se diversifier (mouvement populaire et communautaire, mouvement des femmes, début du mouvement écologique et pacifique) et se radicaliser (critique anticapitaliste et antiétatique, vision autogestionnaire et socialiste). Cependant, le discours radical devenant de plus en plus contre-productif en termes de mobilisation et d'avancées des luttes, les organisations des différents mouvements sociaux se tournèrent

---

3. Le terme mouvement social renvoie ici à un concept qui englobe les différents mouvements sociaux généralement reconnus au Québec (syndical, féministe, populaire et communautaire, nationaliste, écologique et pacifique) et laisse entendre qu'il existe des interrelations entre ceux-ci.

4. Pour plus d'informations, nous référons surtout à BÉLANGER et LÉVESQUE (1987), BÉLANGER (1988), FAVREAU (1989), BOUCHER (1990a) et HAMEL (1991).

5. Certains groupes furent mis sur pied grâce à l'initiative de syndicats, comme les ACEF sous l'impulsion de la CSN, d'autres de façon complètement indépendante, comme les comités de citoyens, les cliniques populaires (cliniques de santé ou cliniques juridiques).

progressivement vers d'autres stratégies au cours des années 80 : la concertation, du côté des syndicats et le recentrage sur les services, du côté du mouvement populaire et communautaire. Ce dernier traversait en même temps une phase de repli catégoriel et les syndicats une phase importante de repli professionnel.

Nous pouvons donc dire que les mouvements sociaux des années 80 traînaient avec eux un certain nombre de paradoxes et d'ambiguïtés, tant dans leurs rapports avec l'État[6] et leurs stratégies que dans leurs rapports entre eux. De fait, le repli catégoriel et professionnel ne pouvait guère contribuer à la convergence du mouvement social. Les accusations fusaient de part et d'autres : les syndicats ne font que s'occuper des intérêts de leurs membres déjà bien garnis ! Les groupes populaires se replient sur leur petite « gang » ! Les mouvements sociaux vivaient une crise importante. Crise non pas de survie, puisque le nombre de leurs membres se maintenait ou augmentait même, mais crise d'orientation, de stratégie, de pertinence du message social.

Au cours de ces années, la configuration des mouvements sociaux a beaucoup changé. Tout d'abord, le mouvement syndical a définitivement perdu son hégémonie sur le mouvement social à partir des années 70. D'une part, il a connu l'impact interne du mouvement des femmes et, d'autre part, il est régulièrement interpellé par le mouvement populaire et communautaire, par le mouvement nationaliste et, plus récemment, par le mouvement écologique et pacifique. D'ailleurs, il n'est désormais plus le seul mouvement social à intervenir sur le lieu même du travail. À l'instar du mouvement des femmes, le mouvement écologique et pacifique cherche lui aussi à faire modifier les lieux du travail. Le mouvement populaire et communautaire plonge également dans les rapports de travail à côté des syndicats avec les corporations de développement économique communautaires (CDEC) qui, sur la base de la concertation locale, s'occupent aussi bien d'employabilité et de formation que d'essor de l'emploi par le développement d'entreprises plus sociales, plus participatives.

Pour les années 90, les mouvements sociaux du Québec semblent vouloir prendre quatre grandes orientations.

---

6. Les mouvements sociaux ont toujours réclamé et défendu l'accès universel aux services de l'État-providence, mais ils en revendiquaient aussi l'appropriation politique par la participation populaire, ce qui ne leur a pas été concédé. Il s'agit là d'un compromis que l'on a désigné par le terme « providentialisme » (BÉLANGER et LÉVESQUE, 1988). Ceci aide à comprendre le discours anti-étatique des mouvements sociaux.

Des stratégies plus offensives

On note tout d'abord une recherche, tant dans le discours que dans la pratique, de stratégies plus offensives en termes d'alternatives : travailler autrement, s'impliquer dans l'organisation du travail, de l'entreprise et des services, bâtir des modèles alternatifs de prestations de services dans des groupes populaires, proposer des façons non polluantes de produire, faire des propositions concrètes d'équité salariale par étapes, etc. On ne s'en tient plus à la critique. On sort du repli défensif sur ses acquis pour proposer et même bâtir des alternatives.

Convergence du mouvement social

On voit apparaître de plus en plus de coalitions entre organisations d'un même mouvement social et même entre différents mouvements sociaux. Ce phénomène n'est pas tout à fait nouveau ; mais, ce qui est plus récent, c'est l'élargissement des coalitions et leur tendance à se répéter un peu automatiquement d'une intervention à l'autre. Depuis quelque temps, plusieurs tables de concertation ont été organisées dans le mouvement social autour d'un projet de société pour l'avenir du Québec et particulièrement autour de la question de l'emploi.

Modification du rapport à l'État

Même si l'on recherche la convergence sociale, on se méfie d'une trop grande centralisation et, plus particulièrement, de la centralisation étatique. Alors que dans les années 60 et 70 et au début des années 80, on se tournait du côté de l'État pour trouver des solutions aux problèmes économiques et sociaux et qu'on recherchait l'application de politiques globales et universelles, on tend aujourd'hui à éviter la planification étatique et à se concerter surtout entre acteurs locaux ou régionaux. Cependant, on ne bannit pas l'État, on lui attribue plutôt un rôle d'intervention globale lorsqu'il s'avère le seul acteur à pouvoir le faire et on admet toujours son rôle de redistributeur pour les programmes sociaux à portée universelle et pour le financement du communautaire. Donc, maintien de l'État-providence, mais avec une participation réelle de la population et non pas sa dépendance passive par rapport à lui.

Recherche de la concertation

La pratique de la concertation par les mouvements sociaux tend d'abord à s'implanter dans une dimension locale et régionale : entreprise, quartier, région rurale. On pourrait parler de « modèle québécois » de la concertation, qui semble moins institutionnalisée que dans les pays européens. Le Québec connaîtrait un type de concertation adaptée aux réalités locales, plus souple, plus pragmatique et qui laisse plus de liberté aux acteurs sociaux, dont les mouvements sociaux. Cette concertation semble devoir se pratiquer surtout entre les mouvements sociaux et les différents groupes qui les composent. Son deuxième lieu de pratique se situerait sur les plans local et régional, quoiqu'elle existe aussi au sommet, c'est-à-dire entre l'État, les centrales syndicales et les organisations patronales.

Partie intégrante du mouvement social québécois, à la croisée de différentes organisations, ABE ne peut pas éviter les grands débats actuels de société et de projet social qui préoccupent l'ensemble de ce mouvement social. Ces questions sont suscitées en grande partie par l'évolution du mouvement social lui-même qui, à son tour, n'est pas étrangère aux tiraillements qui traversent la société. Une société, d'ailleurs, qui connaît une crise économique qui se prolonge, mais aussi une crise culturelle qui, dans la société québécoise, se double d'un débat constitutionnel lancinant. Tentons d'abord de distinguer les éléments qui caractérisent le débat constitutionnel de ceux qui se rapportent à la question nationale au Québec.

QUESTION NATIONALE ET DÉBAT CONSTITUTIONNEL

Il existe une confusion courante entre *question nationale* et *question constitutionnelle*. Comme si les problèmes constitutionnels recouvraient toute la problématique nationale d'un peuple, de sorte qu'en réglant les premiers, on allait combler toutes les aspirations historiques d'une entité nationale. De fait, la question nationale et la question constitutionnelle se situent sur deux plans différents : la première, plus englobante, rejoint la vie des populations et s'exprime à travers le mouvement social, tandis que la deuxième, tout en ayant des incidences capitales sur les populations, est plus circonscrite à des points de fonctionnement se situant dans l'ordre des moyens et constitue un enjeu politique au niveau institutionnel surtout. Examinons maintenant ce qu'il faut entendre par la question constitutionnelle d'abord, puis par la question nationale.

Le débat constitutionnel

La question constitutionnelle revient périodiquement à l'ordre du jour au Canada. Avec le temps, le problème semble s'approfondir, c'est pourquoi on parle plutôt maintenant de crise ou encore de débat constitutionnel. D'une fois à l'autre, ce débat prend de l'ampleur. En effet, jusqu'à maintenant, la crise constitutionnelle s'était polarisée autour du statut du Québec, et même si ce dernier est encore au centre du débat constitutionnel, il reste que la crise concerne dorénavant aussi bien l'Ouest canadien que les Maritimes qui sentent également que leur situation est devenue problématique dans le système fédératif actuel.

De plus, ce déplacement a pour toile de fond une toute nouvelle configuration politique partisane. En effet, lors du référendum de 1980 et du rapatriement de la constitution de 1982, le débat partisan se déployait entre le Parti libéral du Canada et le Parti québécois. Depuis, il s'est produit une transformation dans le paysage politique partisan. D'une part, le nationalisme québécois a investi la Chambre des communes avec le Bloc québécois, tandis que le régionalisme des Prairies a trouvé une voix politique tangible à travers le *Reform Party*, alors que son pendant des Maritimes, le *COR (Confederation of Regions),* est devenu le parti de l'opposition officielle au Nouveau-Brunswick depuis les dernières élections. Ainsi, le Parti québécois n'est plus le porte-drapeau de la remise en cause du *statu quo* fédératif ni même du projet souverainiste, d'autant plus qu'on parle, depuis quelque temps déjà, des tiraillements au sein du Parti libéral du Québec entre sa tendance souverainiste et sa tendance fédéraliste. D'autre part, le Parti progressiste conservateur au pouvoir a dramatiquement perdu de sa crédibilité, mais réussit toutefois, sur la question constitutionnelle, à s'allier les deux autres partis traditionnels, soit le Parti libéral du Canada et le Nouveau Parti démocratique. On le voit bien, le conflit entre centre et régions se répercute sur les partis politiques, entre les formations traditionnelles centralisatrices et les nouvelles formations régionalistes.

Il n'est pas étonnant que le débat constitutionnel soit très politisé, mais il est plus problématique de ramener toutes les questions économiques, sociales et culturelles au plan constitutionnel : coûts tant économiques que sociaux des changements constitutionnels, impact culturel d'une possible séparation du Québec, etc. Cette polarisation tend à y enfermer ces enjeux, comme si un nouveau partage de juridictions et de pouvoirs entre les différents ordres de gouvernement devait régler tous ces problèmes une fois pour toutes. Qui plus est, elle tend à occulter toute la portée de la question du nationalisme québécois dont il importe de tracer un portrait en faisant ressortir les différents nationalismes.

Les nationalismes au Québec

Depuis quelques temps, des accusations quelque peu virulentes sont portées contre le nationalisme québécois. On associe facilement toute forme de nationalisme à conservatisme et on l'identifie immédiatement à racisme, à xénophobie, à enfermement national, etc. Une telle vision s'appuie sur des faits historiques bien réels et malheureux tels que le nazisme en Allemagne, le fascisme en Italie, les dictatures de Franco en Espagne et de Salazar au Portugal. Mais il existe bien d'autres projets de société basés à la fois sur le nationalisme et une vision progressiste de la société. Qu'on pense aux luttes anticolonialistes et de libération nationale en Asie, en Afrique et en Amérique latine. Qu'en est-il exactement au Québec ? Essayons maintenant de démêler les différentes tendances de nationalisme qui s'y sont manifestées ainsi que les groupes sociaux qui les ont nourries.

La tendance de nationalisme la plus ancienne que nous ayons connu au cours du xxᵉ siècle peut être qualifiée de *nationalisme traditionnel*, lequel s'adressait à l'ensemble des Canadiens français et non pas aux seuls Québécois. Animé par les élites francophones traditionnelles (clergé, petite bourgeoisie professionnelle), ce courant visait la promotion d'un nationalisme basé sur des valeurs traditionnelles distinctives telles que la langue, la religion catholique et la culture qui en découle. On peut reconnaître, encore aujourd'hui, cette forme de nationalisme dans la promotion des mêmes valeurs traditionnelles et une attitude de méfiance face à l'environnement nord-américain. Des aspects de ce nationalisme traditionnel se transmettent, selon une forme plus ouverte et plus moderne, dans ce que nous pourrions appeler le *nationalisme culturel* à l'intérieur duquel des hommes politiques contemporains tendent à circonscrire la question nationale. Celle-ci serait réglée avec les assurances suffisantes de conservation de la langue et des principaux pouvoirs et institutions à portée culturelle : Code civil, éducation, diffusion culturelle ...

À noter aussi l'ethnocentrisme du nationalisme traditionnel qui visait à défendre et à promouvoir un groupe ethnique, les descendants de Français auxquels s'étaient intégrés complètement un certain nombre d'immigrants. Aussi, dans sa version contemporaine, le nationalisme québécois garda-t-il sa caractéristique de *nationalisme ethnique* sans toutefois que ce mouvement soit xénophobe et encore moins raciste.

Au cours des années 60, une rupture s'est produite alors qu'on passait d'un nationalisme axé sur les Canadiens français à un *nationalisme québécois*. Le Québec, très majoritairement canadien-français, se mit à prendre conscience et à exprimer que sa subordination et sa fragilité n'étaient pas seulement linguistique et culturelle, mais économique et politique. On constatait, dans les groupes progressistes surtout, que les conditions de travail et de vie des Québécois francophones étaient inférieures à celles des Québécois anglophones et des autres Canadiens anglais. On faisait un lien entre cet état de fait et la domination du capital américain et canadien-anglais qui, souvent, imposait même la langue de travail. Ce courant s'inspirait des mouvements de libération nationale des pays d'Afrique et d'Asie dans la grande phase de décolonisation des années 50 et 60 et des mouvements de lutte anti-impérialistes d'Amérique latine à partir de la fin des années 60. Dans cette foulée, le nationalisme québécois devenait un projet de libération nationale qui ne pouvait déboucher que sur un projet de société, c'est-à-dire sur des changements dans les rapports entre groupes sociaux.

Grâce aux luttes syndicales et populaires, la Révolution tranquille a permis un rattrapage assez important pour la population québécoise au plan des conditions de travail et de vie. En même temps, elle a permis l'émergence d'un véritable « entrepreneurship » québécois francophone grâce à l'affirmation nationale et à des instruments collectifs que le Québec s'est donnés : interventions étatiques dans l'économie, création d'institutions publiques de financement (Caisse de dépôt et de placement, Société générale de financement), création et développement d'entreprises publiques (Hydro-Québec, Soquip, Rexfor, etc.). Une partie de ces entrepreneurs se sont inscrits dans la mouvance de la souveraineté du Québec, surtout au cours des années 80. Aussi peut-on parler du nationalisme économique de ce nouveau groupe social, de sorte que le mouvement syndical et populaire ne porte pas seul le volet économique du nationalisme.

Sur le plan politique, le projet nationaliste a été « assumé », en grande partie, depuis la fin des années 60, par un parti politique, le Parti québécois. Celui-ci constitue, jusqu'à un certain point, une coalition de différents groupes et tendances sociales. Mais les organisations progressistes ne se reconnaissent pas globalement dans cette organisation politique en dépit de certains appuis. Par contre, les organisations syndicales, des organisations de femmes et populaires tendent à se prononcer ouvertement pour l'indépendance du Québec tout en assortissant leur proposition de la nécessité d'un projet social d'alignement populaire. Le projet social constitue donc un enjeu clé du *nationalisme politique* où entrent en contradiction et en conflit différentes forces sociales.

Du nationalisme canadien-français traditionnel à forte portée culturelle, on est donc passé à un nationalisme québécois à portée économique et politique où se jouent des enjeux importants de projet social. Mais voilà qu'on commence à parler de *nationalisme territorial*[7] plutôt que de nationalisme ethnique. Selon cette forme de nationalisme, la totalité des résidentes et des résidents sur le territoire sont considérés comme des Québécoises et des Québécois et font partie du projet national en vue de l'occupation et du développement de tout ce territoire. Dans cette représentation, l'espace québécois appartient aussi bien aux premiers occupants (autochtones), aux nouveaux arrivants et aux immigrants d'origine anglo-saxonne qu'aux premiers immigrants d'origine française. C'est bien ce qui ressort du projet social des organisations progressistes, lorsqu'elles se penchent sur la question nationale.

En quoi une organisation comme ABE peut-elle se sentir concernée par toutes ces questions et toutes ces tendances ? C'est ce que nous allons maintenant tenter de préciser, en faisant état d'abord de son rôle de défenseur des droits des salariés non syndiqués dans le contexte du débat constitutionnel actuel. En deuxième lieu, nous aborderons la question de sa participation au mouvement populaire, donc sous l'angle de son implication dans le projet de société.

AU BAS DE L'ÉCHELLE ET LE DÉBAT CONSTITUTIONNEL

Malgré les apparences, les travailleuses et les travailleurs, syndiqués ou pas, sont touchés par le débat constitutionnel à cause de la double juridiction fédérale et provinciale sur le travail. D'ailleurs, une portion significative (10 %) travaillent au Québec dans un secteur de compétence fédérale, comme le transport, les communications, les banques, la fonction publique fédérale évidemment, et se trouvent donc régis par le Code du travail du Canada qui diffère de celui du Québec. Ainsi, pour la défense des travailleuses et des travailleurs non syndiqués, il faut tenir compte de cette réalité.

Mais c'est sans doute dans le champ des politiques économiques que le problème se pose le plus profondément. En effet, le gouvernement fédéral garde une pleine autorité sur la politique monétaire (valeur de la monnaie, taux d'intérêt). Or, nous savons tous que la moindre décision concernant les taux d'intérêt et la monnaie a un impact immédiat sur les exportations ainsi que sur la consommation et les investissements des entreprises, donc sur les emplois. Les emplois touchés sont surtout ceux qui sont non syndiqués et qui se retrouvent habituellement dans les secteurs plus fragiles en plus d'être très peu protégés[8]. Il suffit qu'un gouvernement fédéral mette de l'avant des politi-

---

7. Entre autres, Julien Harvey (1990) dans la revue *Relations*.

8. La protection assurée par la *Loi des normes du travail* est moins que minimale sur le plan de la sécurité d'emploi.

ques de type néo-libéral, pour que les pressions se fassent sentir sur le travail, surtout le travail non syndiqué, même si une province adopte des politiques expansionnistes pour lutter contre le chômage.

Le gouvernement central détient un pouvoir discrétionnaire de dépenser, c'est-à-dire de verser de l'argent dans les économies locales et régionales (provinces), sous forme de subventions directes à des entreprises ou encore indirectes, par la construction ou l'entretien d'infrastructures (ports, aéroports, routes, télécommunications). Plusieurs de ces interventions se font conjointement avec les provinces ; mais elles sont souvent le théâtre de tiraillements et de divergences d'orientation de politiques, ce qui occasionne des retards importants dans la réalisation de projets, voire des paralysies totales. Là encore, le travail, surtout le travail non syndiqué, subit les contrecoups des conflits juridictionnels et des divergences intergouvernementales de politique économique.

L'impact des politiques économiques sur le travail se répercute sur les politiques sociales, entre autres par le biais de l'assurance-chômage et de l'assistance sociale. La première est gérée par le gouvernement central, tandis que la deuxième relève des provinces. Les deux niveaux d'administration se renvoient les victimes du chômage de l'un à l'autre. Le contentieux entre les deux ordres de gouvernement est devenu encore plus sensible avec le dossier de la formation de la main-d'œuvre. En dépit de la pleine juridiction des provinces en éducation en vertu de la Constitution de 1867, le gouvernement central a de plus en plus tendance à s'ingérer dans ce domaine et à agir unilatéralement dans la formation de la main-d'œuvre grâce à son pouvoir discrétionnaire de dépenser. Ces conflits touchent, entre autres, les travailleuses et les travailleurs non syndiqués qui ont besoin de formation adéquate pour améliorer leur sort.

Nous pourrions examiner les effets sur le travail d'autres politiques sociales telles que la santé et les services sociaux. Mais les quelques exemples que nous avons apportés démontrent bien comment les travailleuses et les travailleurs non syndiqués et, conséquemment, une organisation comme ABE peuvent être directement affectés par le débat constitutionnel. Pour mieux saisir cette question complexe et ses enjeux pour les salariés non syndiqués, il n'est pas inutile de prolonger la réflexion en la centrant sur le projet de société.

AU BAS DE L'ÉCHELLE,
QUESTION NATIONALE ET PROJET SOCIAL

Dans le cadre du débat constitutionnel actuel, qu'elles se prononcent ou non sur le statut du Québec par rapport à la Confédération canadienne, la majorité des organisations des mouvements sociaux considèrent cependant nécessaire de définir sur une base populaire un projet de société pour le Québec de demain[9]. En effet, la question nationale ne peut que nous ramener du côté de l'avenir de l'ensemble de la population québécoise. Le mouvement social ne peut pas laisser ce projet entre les mains de quelques décideurs pour qui la rentabilité économique de tel statut constitutionnel et l'intérêt de groupes particuliers priment.

Au contraire, ce sont les acteurs du changement social, c'est-à-dire les mouvements sociaux, qui doivent investir le terrain de la réflexion sur l'avenir du Québec et son orientation. Chaque organisation est évidemment portée à s'arrêter à certaines questions ou aspects plus spécifiques à sa mission. Pour ABE, il s'agit du travail, des personnes les moins protégées dans le travail telles que les jeunes, les femmes, les immigrantes et les immigrants. Mais cette réflexion doit aussi s'inscrire dans une problématique plus large qui rejoint l'ensemble du mouvement social et de la société. Elle doit partir de deux pôles à notre avis : le contexte de crise dans lequel évolue notre société et les particularités sociales, culturelles et économiques du Québec.

Dans une des explications les plus éclairantes de la crise économique qui dure depuis le début des années 70, certains auteurs considèrent qu'elle a été entraînée par une crise du travail[10]. Elle a été provoquée par le refus[11] ouvrier d'endosser plus longtemps un modèle d'organisation du travail et de rapport entre le capital et le salariat qui s'était généralisé à partir de la Deuxième Guerre mondiale. Ce modèle, désigné comme le « rapport salarial fordiste », était basé sur un compromis social : les travailleurs reconnaissaient l'exclusivité de la gestion patronale sur l'organisation de leur travail comme prix de la reconnaissance syndicale et du droit des syndicats à négocier les salaires et certaines conditions de travail. Ce compromis consacrait donc l'organisation tayloriste du travail avec tout ce qu'elle comporte de confinement des salariés à l'exécution, leur exclusion de la conception et de la gestion, la parcellisation

---

9. Cette tendance est ressortie très clairement des audiences de la Commission Bélanger-Campeau et peut-être encore plus fortement lors de la tournée dans les régions.

10. Pour cette explication, se référer à CORIAT (1979), AGLIETTA (1982), LIPIETZ (1989) et BOUCHER (1990b).

11. Ce refus s'est manifesté par l'absentéisme, le changement de personnel et même par plusieurs grèves sauvages et le vandalisme.

de leurs tâches et la déqualification de leur travail. Ce compromis était maintenu par des institutions de régulation telles que la convention collective et
l'État[12], de façon à assurer une régularité dans les rapports de travail et dans
le taux de productivité.

En plus de cette dimension de rejet de l'organisation tayloriste du travail,
la crise comporte aussi une dimension institutionnelle : la convention collective
est fortement remise en cause par les patrons, tandis que la forme providence
de l'État est ébranlée. Crise financière de l'État certes, mais sociale aussi, les
mouvements sociaux critiquant son bureaucratisme et la dépendance qu'il
crée dans la population.

Face à ces blocages, une bonne partie des patrons font tout pour contourner les conventions, réduire les objets de négociation, implanter la flexibi-
lité à tous les niveaux et accentuer le contrôle sur les salariés. Conjointement,
l'État cherche à revenir sur ses politiques du travail, en imposant un contrôle
des salaires et en encadrant plus étroitement le régime des négociations collectives. Cette stratégie néo-tayloriste s'appuie sur des politiques néo-libérales :
utilisation du travail précaire, double échelle de salaires, protection sociale minimale. D'autres directions d'entreprises tentent de regagner la collaboration
des salariés en les amenant à s'identifier à l'entreprise par la persuasion, sur
une base individuelle, en faisant abstraction du syndicat[13]. Enfin, il existe aussi
des expériences d'implication négociée des salariés sur une base collective
cette fois, en incluant le syndicat, ce qui ouvre des avenues à une véritable
démocratisation du travail[14].

Enfin, dans une autre explication de cette crise du travail, on insiste sur
sa dimension culturelle[15]. Selon cette analyse, le travail lui-même est remis en
cause comme valeur. Il prend subjectivement moins de place dans la vie des
gens, au profit d'autres valeurs comme la vie privée, la créativité, l'affectivité,
la qualité de vie. On critique l'aspect abrutissant du travail salarié, son absence
de créativité. Cette crise est significative d'une mutation « sociétale », marquée
par une importante remise en cause du productivisme et porteuse d'enjeux
sociaux de première ligne en ce qui concerne la consommation, l'information
et l'éducation. La transformation du mode de vie à travers toutes ces aspirations prend une envergure si globale, qu'on parle de plus en plus de

---

12. Il s'agit ici des différentes législations encadrant le travail et l'État-providence.

13. Stratégie que des auteurs appellent le modèle «californien» (MESSINE, 1987).

14. Il s'agit du modèle «saturnien» (MESSINE, 1987) ou «kalkarien» (LEBOROGNE et LIPIETZ, 1989), du fait
de son expérimentation par General Motors (projet «Saturn») aux États-Unis et par Volvo à
Kalmar, en Suède.

15. Sur cette dimension voir, entre autres, TOURAINE (1984), ILLICH (1977), GORZ (1988) et LESAGE
(1986).

l'émergence d'un nouveau paradigme, en remplacement de l'ancienne conception du progrès à l'infini, pour une vision beaucoup plus conviviale, écologique et solidaire (Lipietz, 1990).

Quelques particularités québécoises semblent d'une importance significative dans une démarche de réflexion sur un projet social pour le Québec. Tout comme l'économie canadienne, l'économie québécoise est fortement continentalisée : dépendance envers les capitaux américains, activités basées surtout sur l'exportation de matières premières, importation de produits manufacturés (Jenson, 1989). Mais malgré une dépendance continentale encore importante, il a fini par s'établir au Québec un réseau de PME et même de quelques grandes entreprises contrôlées par des francophones grâce, en bonne partie, à l'établissement d'organisations collectives de financement proprement québécoises, tant de type étatique que coopératif et syndical[16]. Il s'agit là d'une façon de faire unique, en Amérique du Nord du moins, et on commence à parler d'une singularité continentale de vivre les formes d'organisation du travail (Bélanger et Lévesque, 1992). Cette particularité prend sans doute ses racines dans la culture québécoise (Chanlat et Bédard, 1990), dans sa façon de vivre ses rapports entre groupes sociaux aux intérêts conflictuels certes, mais capables de solidarité dans des situations d'urgence. C'est sans doute dans ce sens-là qu'il faut comprendre la pratique originale de la concertation que nous connaissons.

Mais toute réflexion sur un projet de société pour le Québec ne peut passer sous silence certains problèmes sociaux spécifiques qui secouent cette solidarité : rapports entre les communautés anglophone et francophone, rapports avec les nations autochtones, intégration des nouvelles populations immigrantes, persistance des inégalités entre hommes et femmes, appauvrissement de certaines catégories spécifiques de la population. Si l'on peut aussi s'appuyer sur la relative vitalité de son mouvement social, il importe cependant de s'interroger sur son manque de convergence, ses difficultés d'innover ses stratégies et ses pratiques, malgré des efforts plus récents de concertation et de questionnement.

Voilà quelques pistes qui pourraient alimenter, pensons-nous, une réflexion sur le projet social dans le cadre de la mission d'ABE. Pour résumer, nous pourrions dire qu'un projet social pour le Québec de demain devrait s'articuler autour des quelques points suivants :

1) la démocratisation du travail ;

---

16. Par exemple, la Caisse de dépôt et de placement, le Mouvement Desjardins et le Fonds de Solidarité de la FTQ.

2) la démocratisation de la gestion des services à la population ;

3) l'emploi, c'est-à-dire la recherche du plein emploi en même temps que de la qualité des emplois ;

4) l'accès à une formation générale et à une formation professionnelle de qualité ;

5) l'égalité entre les femmes et les hommes ;

6) l'intégration des différentes communautés dans le respect des différences ;

7) une protection sociale suffisante, particulièrement attentive aux groupes sociaux les plus fragiles ;

8) un type de nationalisme ouvert sur l'avenir et l'ensemble de la population québécoise (territorial).

CONCLUSION

Cette synthèse nous a permis de faire un tour d'horizon des quelques éléments de problématique et des concepts qu'il nous a paru utile d'exposer aux membres d'ABE pour amorcer une réflexion sur l'avenir du Québec dans le contexte actuel de crise constitutionnelle. Nous avons pu constater que le mouvement social modifiait ses stratégies tout en changeant de configuration et nous avons signalé la place qu'y occupe ABE. Après avoir rendu compte de l'état du débat constitutionnel, nous avons précisé en quoi il touche directement et indirectement cette organisation. Un regard sur les divers types de nationalisme historiquement véhiculé au Québec nous a montré que ce courant très enraciné avait grandement évolué dans le temps et continuait de le faire. Ceci nous a permis de tracer quelques jalons pour une réflexion sur un projet social pour le Québec.

On peut dire que les réactions reçues au sujet de ce texte pour étude ont été positives. Mais chaque partie du document ne suscite pas le même intérêt. Si l'on a ressenti un certain soulagement en apprenant que le nationalisme avait évolué et qu'il était porteur d'un projet progressiste à cause de sa prise en charge par des organisations du mouvement social, le problème constitutionnel semble encore délicat à traiter dans les débats ou bien dénué de pertinence pour ABE. Par contre, les quelques considérations sur le mouvement social au Québec et la place qu'y tient ABE semblent alimenter les réflexions des responsables du groupe, de la permanence particulièrement.

Jusqu'à maintenant, l'intérêt d'ABE pour cette réflexion a surtout porté sur la question du projet social. Aussi une journée d'étude en vue d'alimenter un mémoire que l'on devait déposer à la Commission itinérante de Solidarité populaire Québec a-t-elle réuni quinze personnes pour débattre la question du plein emploi comme premier thème, de la démocratie et du rôle de l'État comme deuxième thème. Ce mémoire dénote une très grande sensibilité face à toute discrimination au travail à l'égard des femmes, des jeunes et des communautés culturelles, des groupes qu'ABE a ciblés comme prioritaires dans son programme d'action.

Si la question nationale semble se rapprocher d'ABE, par le biais de l'élaboration d'un projet social, le débat constitutionnel reste non avenu et sans doute quelque peu tabou et dangereux. D'autres groupes du mouvement social partagent sans doute ces craintes[17]. D'ailleurs, des organisations syndicales comme la CEQ et la CSN n'avaient-elles pas connu des débats déchirants sur cette question en 1980, alors que dix ans plus tard, elles se prononçaient sereinement sur le sujet comme si ça allait de soi ?

Au terme de cet article, on peut relever deux particularités d'ABE qui pourraient expliquer un tant soit peu ses hésitations à débattre la question constitutionnelle. Tout d'abord, il faut rappeler qu'ABE a été fondé par des anglophones, de sorte que dans sa raison, sa dénomination anglaise (« Rank and File ») côtoie toujours sa dénomination française. Mais on ne peut pas dire que cette particularité pèse bien lourd dans le fonctionnement actuel d'ABE. Par contre, tout comme certains autres groupes, cette organisation rejoint une population immigrante importante, tant du côté de ses membres que de sa clientèle à aider, ce qui pourrait avoir plus de poids. Ainsi, on craindrait d'indisposer et surtout de provoquer ou de nourrir des appréhensions trop grandes chez des composantes importantes du groupe.

Enfin, on pourrait soutenir, qu'à l'instar de plusieurs regroupements et d'une portion importante de citoyennes et de citoyens, les membres et les responsables d'ABE situent la réflexion et la prise de position constitutionnelle sur le terrain individuel, pratiquement privé, finalement du côté du vote. En effet, étant polarisé au niveau partisan, le débat constitutionnel deviendrait confiné à la décision individuelle et secrète de l'isoloir dans le cadre d'un réfé-

---

17. Face à ces craintes et à la hantise d'éventuels reculs sociaux dans le cas de l'avènement de la souveraineté, on peut avantageusement consulter les *Répliques aux détracteurs de la souveraineté du Québec* publiées sous la direction de Alain-G. GAGNON et François ROCHER (1992). Dans l'ordre des préoccupations habituelles des organisations populaires et communautaires, on devrait se référer plus spécifiquement aux contributions de Yves VAILLANCOURT (1992), de Mona-Josée GAGNON (1992), de Micheline LABELLE (1992), ainsi que de Josée LEGAULT et Gary CALDWELL (1992).

rendum ou d'une élection générale. Il ne s'agirait donc pas d'une question qui entrerait dans le cadre de la mission collective d'ABE.

Bibliographie

AGLIETTA, Michel (1982). *Régulation et crises du capitalisme*, Paris, Calmann-Lévy.

BÉLANGER, Paul R. (1988). « Les nouveaux mouvements sociaux à l'aube des années 90 », *Nouvelles pratiques sociales*, vol. 3, n° 1, 101-104.

BÉLANGER, Paul R. et Benoît LÉVESQUE (1987). « Le mouvement social au Québec : continuité et rupture (1960-1985) », dans BÉLANGER, Paul R., LÉVESQUE, Benoît, MATHIEU, Réjean et Franklin MIDY (sous la direction de), *Animation et culture en mouvement*, Sillery, PUQ, 253-266.

BÉLANGER, Paul R. et Benoît LÉVESQUE (1988). « Une forme mouvementée de gestion du social : les CLSC », *Revue internationale d'action communautaire* (RIAC), 16/59, 49-64.

BÉLANGER, Paul R. et Benoît LÉVESQUE (1992). « Amérique du Nord : la participation contre la représentation ? », *Travail*, 24, 71-90.

BOUCHER, Jacques (1990a). *Les mouvements sociaux*, UQAM/Département de sociologie, Cahiers du CRISES, n° 9003.

BOUCHER, Jacques (1990b). *Théorie de la régulation et rapport salarial*, UQAM/Département de sociologie, Cahiers du CRISES, n° 9901.

CHANLAT, Alain et Renée BÉDARD (1990). *L'originalité et la fragilité d'un mode de gestion à la québécoise*, Montréal, HEC, Cahiers de recherche du CETAI, n° 90-06.

CORIAT, Benjamin (1979). *L'atelier et le chronomètre*, Paris, Christian Bourgois.

FAVREAU, Louis (1989). *Mouvement populaire et intervention communautaire de 1960 à nos jours*, Montréal, CFP/Les Éditions du Fleuve.

GAGNON, Alain G. et François ROCHER (sous la direction de) (1992). *Réplique aux détracteurs de la souveraineté du Québec*, Montréal, VLB Éditeur.

GAGNON, Mona-Josée (1992). « La souveraineté du côté des riches et des pauvres », dans GAGNON, Alain G. et François ROCHER (sous la direction de) (1992). *Réplique aux détracteurs de la souveraineté du Québec*, Montréal, VLB Éditeur, 233-243.

GORZ, André (1988). *Métamorphoses du travail*, Paris, Galilée.

HAMEL, Pierre (1991). *Action collective et démocratie locale*, Montréal, PUM.

ILLICH, Ivan (1977). *Le chômage créateur*, Paris, Seuil.

JENSON, Jane (1989). « Different but not Exceptional : Canada's Permeable Fordism », *The Canadian Review of Sociology and Anthropology. La revue canadienne de sociologie et d'anthropologie*, vol. 26, n° 1, février, 69-94.

LABELLE, Micheline (1992). « Pluralité ethnoculturelle et pluralisme à l'heure de la souveraineté », dans GAGNON, Alain G. et François ROCHER (sous la direction de) (1992). *Réplique aux détracteurs de la souveraineté du Québec*, Montréal, VLB Éditeur, 314-328.

LEBORGNE, Danièle et Alain LIPIETZ (1989). *Deux stratégies dans la production des nouveaux espaces économiques,* Paris, CEPREMAP, Cahier orange n° 8911.

LEGAULT, Josée et Gary CALDWELL (1992). « L'exode de la communauté anglo-québécoise : la nécessaire responsabilisation », dans GAGNON, Alain G. et François ROCHER (sous la direction de) (1992). *Réplique aux détracteurs de la souveraineté du Québec,* Montréal, VLB Éditeur, 291-313.

LESAGE, Marc (1986). *Les vagabonds du rêve,* Montréal, Boréal.

LIPIETZ Alain (1989). *Choisir l'audace,* Paris, La Découverte.

LIPIETZ Alain (1990). « Après-fordisme et démocratie », *Les temps modernes,* N° 524, 97-121.

MESSINE, Philippe (1987). *Les saturniens,* Paris, La Découverte.

TOURAINE, Alain (1984). *Le retour de l'acteur,* Paris, Fayard.

VAILLANCOURT, Yves (1992). « Le risque de la souveraineté pour les politiques sociales », dans GAGNON, Alain G. et François ROCHER (sous la direction de) (1992). *Réplique aux détracteurs de la souveraineté du Québec,* Montréal, VLB Éditeur, 244-266.

Problématiques psychosociales et notion de « risque » : une perspective critique

Michèle CLÉMENT *et Hector* OUELLET[1]
Centre de recherche sur les services communautaires

Les notions de « risque », de « groupes à risque » et de « clientèles à risque » sont présentement au centre d'une restructuration des politiques de services. Il existe cependant des difficultés importantes à les opérationnaliser au plan de l'intervention. En retraçant l'origine de ces notions et le modèle d'analyse qu'elles sous-tendent, les auteurs discutent des problèmes qu'il y a à transférer ces concepts dans le champ du psychosocial.

1. Cet article a été rédigé lors de la préparation d'un document beaucoup plus vaste, (voir CLÉMENT 1990). Michèle Clément est professionnelle de recherche au Centre de recherche sur les services communautaires. C'est à elle que revient le mérite d'avoir réalisé l'essentiel des travaux de documentation, de conceptualisation et d'avoir procédé à une première rédaction de ce document. Les tâches de conception et de direction du projet ont relevé de Hector Ouellet. Ce projet a, de plus, profité de la collaboration de Mme Pauline Gingras (CLSC Basse-Ville), de Mme Lucille Rocheleau (Fédération des CLSC), de Mme Louise Poirier-Magasouba (CLSC Partage-des-Eaux), ainsi que de M. André Plamondon (CLSC Les Forges). Plus d'une trentaine de CLSC ont par ailleurs participé au financement de l'étude.

Au cours des dernières années, le système de santé et de services sociaux s'est vu proposer de faire des notions de risque et de clientèles à risque le principe organisateur de son action. À titre d'exemple, on peut rappeler que le *Rapport* du Comité d'analyse et de réflexions sur les services dispensés dans les CLSC (Comité Brunet, 1987) a fait de ces deux notions l'objet de ses principales propositions pour les CLSC ; le *Rapport* de la Commission d'enquête sur les services de santé et les services sociaux (Commission Rochon, 1988) en a aussi fait une utilisation extensive en y ajoutant des notions apparentées. Plus récemment, ces concepts réapparaissaient de nouveau dans le document intitulé *Une réforme axée sur le citoyen* (Gouvernement du Québec, 1990).

De prime abord, ces notions et l'orientation fondamentale qu'elles sous-tendent sont apparues tout à fait séduisantes : elles devaient en effet fournir les moyens d'établir des priorités parmi les activités de services et de centrer les interventions sur les clientèles qui en ont le plus besoin. Au plan de la pratique, cependant, on ne peut que constater l'ampleur des difficultés éprouvées par les établissements et leurs intervenants à opérationnaliser ces notions et à les utiliser dans leur programmation. De là, notre préoccupation : se pourrait-il que les difficultés des établissements de services à travailler avec de telles notions tiennent au fait que ces dernières s'appliquent mal aux problématiques psychosociales ? C'est là l'objet de l'analyse qui va suivre. Après avoir fait le point sur l'utilisation actuelle des notions de « risque » et de « clientèles à risque » dans le système québécois de santé et de services sociaux, nous retracerons l'origine des concepts pour discuter ensuite des difficultés que l'on connaît à les appliquer à des problématiques psychosociales.

LA NOTION DE « RISQUE » DANS LA RESTRUCTURATION DES POLITIQUES SOCIALES

Le Québec, comme l'ensemble des pays industrialisés, a connu une croissance économique rapide durant les trois décennies qui ont suivi la guerre de 1939-1945. Au plan social, ce développement s'est traduit par une intervention de plus en plus grande de l'État et par l'acquisition de droits venant sanctionner la nécessité de pallier collectivement les inégalités inscrites dans les structures même de la société (Commission Rochon, 1988 : 142). L'adoption d'un régime national et universel d'assurance-maladie et d'assurance-hospitalisation viendra témoigner, entre autres, de l'engagement de l'État face aux différents risques sociaux et de santé.

À partir du milieu des années 70, le ralentissement de l'activité économique, l'augmentation des taux de chômage et la croissance des dépenses pu-

bliques vont amorcer le mouvement de retour du pendule. Les coûts des programmes sociaux et de santé deviennent de plus en plus lourds à supporter et
les sources de revenus publics s'amenuisent. Dès lors, l'efficience deviendra
une préoccupation majeure. Du même coup, les analyses contemporaines
mettront en lumière le fait que le système de santé et de services sociaux,
pourtant universel et gratuit, n'est pas parvenu à réduire, sur les plans de l'état
de santé et de l'accès aux services, les disparités entre les différents groupes
de la population (Commission Rochon, 1988 : 142). C'est ainsi que tout en
maintenant le principe d'universalité à la base de notre système, on fera valoir
la nécessité de concentrer les ressources et les énergies sur ceux qui en ont le
plus besoin. L'ensemble de ces préoccupations se concrétiseront finalement
par les notions de clientèles à risque (*Rapport Brunet*) et de population vulnérable (*Rapport Rochon*) qui mettent en place les prémisses nécessaires à une
éventuelle restructuration des services. Cette orientation sera par la suite
officiellement appuyée par le ministère de la Santé et des Services sociaux qui
fera connaître, en avril 1989 et en décembre 1990, les lignes directrices qu'il
entend adopter en matière de santé et de services sociaux par la publication
de deux documents : *Pour améliorer la santé et le bien-être au Québec :
Orientations* (Gouvernement du Québec, 1989) et *Une réforme axée sur le
citoyen* (Gouvernement du Québec, 1990). Dans ces deux documents, notamment, on fera valoir que « […] la notion de bien-être conduit nécessairement à privilégier une approche axée sur des groupes cibles, plus vulnérables
en raison de diverses conditions » (Gouvernement du Québec, 1989 :19).

La façon d'opérationnaliser cette orientation est cependant restée im-
précise dans les deux documents tout comme elle l'est d'ailleurs dans le *Rapport Brunet*. Dans aucun des cas, on a indiqué les modalités selon lesquelles
pourraient s'élaborer les programmes orientés vers les groupes ou les clientèles à risque. Le Comité Brunet qui en a fait le point central de ses
recommandations a lui-même été très discret sur cette notion se contentant,
en bonne partie, de la définir par la négative en indiquant que les risques ne
sont pas réductibles à la pauvreté :

> Le niveau socio-économique n'est pas le seul facteur engendrant la vulnérabilité
> chez les individus. Les situations de vie avec de la violence, des abus sexuels,
> des problèmes de santé mentale, des handicaps physiques et intellectuels, ne
> sont pas réservées aux classes économiquement défavorisées (Comité Brunet,
> 1987 : 41).

D'autres ambiguïtés caractérisent le *Rapport* du Comité Brunet comme
tous les autres rapports qui suivront d'ailleurs. Certaines tiennent aux notions
utilisées. On parlera indifféremment, par exemple, de « populations à risque »,
de groupes « les plus vulnérables », de « situations familiales difficiles » ou encore de « difficultés psychiques ou émotives » sans pour autant préciser le type

de vulnérabilité dont il est question. Les autres ambiguïtés tiennent aux directives données quant aux champs d'intervention à privilégier pour lesquels, du reste, on aura carrément occulté les difficultés d'application et d'opérationnalisation.

Prenons l'exemple des « jeunes en difficulté ». Le Comité Brunet propose que les CLSC développent, à leur égard, des activités d'éducation, d'information collective et de sensibilisation. Mais comment savoir combien et qui, parmi ces jeunes, sont « à risque » ? Et à risque de quoi ? De quels indicateurs pouvons-nous disposer ? L'impossibilité de répondre à ces questions, il faut le noter, entraîne l'impossibilité de cibler l'intervention sur ceux qui en ont le plus besoin. Nécessairement, il en découlera aussi soit une intervention de type préventif et non ciblée auprès de l'ensemble de la population des jeunes, soit une intervention de type curatif auprès des seuls jeunes déjà aux prises avec ces difficultés. Le problème du suicide est ici particulièrement révélateur :

> Pour ramener le taux de suicide à des proportions acceptables (dans une région), une façon de concevoir l'intervention consisterait à dépister les personnes à risque de se suicider, pour qu'elles soient « soumises » à l'intervention des services spécialisés dans le domaine. À titre indicatif, le dépistage de 60 suicidaires pour une population de 300 000 personnes, équivaut à retrouver, dans chaque tranche de 5 000 personnes distribuées au hasard, non pas celles qui songent à se suicider, ni même celles qui font des tentatives à cet effet, mais celles qui ont la détermination de réussir dans leur tentative ; d'où la question : « Existe-t-il des facteurs de risque de se suicider qui soient à la fois suffisamment étanches et perceptibles pour discriminer une personne sur 5 000 et, par surcroît, à un moment crucial se situant quelque part sur une période d'un an environ. Sinon, comment alors prévenir le suicide pour le ramener à des proportions acceptables ? (Côté, 1989 : 5).

Cet exemple démontre à quel point il peut être difficile d'implanter dans la pratique une orientation vers les groupes ou les clientèles à risque. Par conséquent, on peut dire aussi que cette orientation s'apparente davantage à un principe d'action, congruent par ailleurs avec l'objectif général de réduire les inégalités sociales, qu'à un plan d'action global et intégré où, par exemple, seraient précisées la façon de reconnaître les clientèles à risque, les aspects les plus importants à considérer ainsi que le « comment intervenir ».

Au-delà des ambiguïtés véhiculées par cette orientation, une question centrale demeure : la notion même de risque peut-elle s'appliquer au domaine des services sociaux et psychosociaux ? De par ses origines, cette notion est étrangère à ce champ de services. C'est de là, croyons-nous, que viennent les difficultés à l'opérationnaliser dans le domaine du social.

L'ORIGINE DES NOTIONS DE « RISQUE » ET DE « CLIENTÈLES À RISQUE » : QUELQUES NOTES SUR L'ÉPIDÉMIOLOGIE, SES CONCEPTS ET SES MÉTHODES D'ANALYSE

Définitions et champs d'étude

La notion de risque a été introduite par l'épidémiologie. De par son objet essentiel, cette science « [...] étudie la distribution des problèmes physiques et mentaux dans la population et analyse les facteurs qui déterminent cette distribution » (Pineault et Daveluy, 1990 : 25). À ses débuts, cette discipline s'est distinguée par l'intérêt qu'elle portait aux maladies transmissibles causées par un agent spécifique (directement observable) touchant certains hôtes dans un environnement particulier (Dab, 1989). Sa principale préoccupation consistait donc à relever les liens causals de la maladie. Peu à peu, son champ d'étude va toutefois s'étendre jusqu'aux maladies non transmissibles et chroniques sur lesquelles on transposera, avec quelques modifications, le modèle initial de causalité. On est ainsi passé d'une problématique centrée sur la « cause » (lorsque cette dernière est présente, l'effet existe et, inversement, lorsqu'on la supprime l'effet disparaît), à une autre centrée sur la probabilité : « l'effet existe plus souvent quand la cause est présente que quand elle ne l'est pas » (Goldberg, 1982 : 61). Pour désigner ce nouvel entendement, la notion de risque est aussi venue se substituer à la notion de « cause » et, avec elle, apparaîtront plusieurs notions dérivées telles que facteurs de risque, population à risque, etc.

Du point de vue de sa définition, la notion de risque possède à la fois une composante objective (une probabilité) et une composante subjective (un danger perçu) (Dab,1989 : 18). Ce qui est en fait exprimé par une telle notion, c'est la probabilité de subir une issue déterminée et généralement adverse (maladie, affection, accident, mort, etc.). Le risque est par conséquent une mesure de probabilité statistique entre un facteur donné (facteur de risque) et une situation prévisible (conséquence).

À l'instar de la notion même de risque, celle de facteurs de risque est définie en termes purement probabilistes. Lelouch présente le facteur de risque comme étant : « [...] tout critère dont dépend [...] la probabilité de survenue d'un événement » (Goldberg, 1982 : 58). Ainsi, bien que l'on ne doive jamais préjuger de leur lien causal, chacune des variables liées statistiquement à un événement de santé peut être considérée comme un facteur de risque. Par ailleurs, il existe différents facteurs de risque. Ce peut être une condition physiologique (sexe, âge, patrimoine génétique, etc.), une pathologie (diabète, hyperglycémie), une habitude de vie (tabac, alimentation), un environnement spécifique (milieu de travail, milieu urbain), une caractéristique socio-économique (profession, statut matrimonial, revenu), etc. (Dab, 1989 : 19). Généralement, on s'accorde cependant pour dire qu'ils se regroupent autour de trois axes : les facteurs biologiques, les facteurs liés à l'environnement (physique, socioculturel) et les facteurs liés aux habitudes de vie.

Le risque se distingue donc du facteur de risque en ce que le premier traduit la probabilité élevée de l'éventualité d'un événement généralement défavorable, tandis que le second est assimilable à la caractéristique ou à la situation qui rend prévisible cet événement.

La vulnérabilité, pour sa part, est un concept voisin de celui de risque et, dans la littérature scientifique, il n'est pas rare que les deux termes soient pris l'un pour l'autre. Certains auteurs ont cependant établi des distinctions entre eux. À notre connaissance, cette notion a principalement été développée dans les études épidémiologiques et dans les études s'intéressant à la problématique de la santé mentale. Dans la perspective épidémiologique, la vulnérabilité renvoie, *stricto sensu*, à la susceptibilité d'une personne (ou d'un groupe) d'être atteint par la maladie. Il s'agit en fait de la plus ou moins grande sensibilité d'un individu, d'un groupe ou d'une population, face aux situations adverses. La Commission Rochon propose cependant une perception un peu différente de cette notion en la présentant comme :

> [...] l'ensemble des conditions qui font qu'un sous-ensemble d'individus dans une population particulière sont susceptibles de présenter des problèmes sérieux dans certaines situations adverses, devant le danger et la malchance (Commission Rochon, 1988 : 125).

L'état de vulnérabilité dépend donc d'un certain nombre de caractéristiques interdépendantes (biologiques, génétiques, environnementales, psychosociales, etc.) (Backet *et al.*, 1984 : 1), et renvoie au fait qu'en présence de conditions comparables, certaines personnes seront plus facilement atteintes que d'autres, parce qu'elles sont tout simplement plus sensibles à la maladie que d'autres (par exemple, les personnes âgées) (Perloff, 1985 : 27). La vulnérabilité, tout comme le risque et les facteurs de risque, est finalement un concept qui ne présenterait aucun intérêt en soi, s'il ne permettait de remonter jusqu'aux sujets qu'il met en jeu.

En dernier lieu, il importe donc de s'interroger sur les individus ou les populations qui sont soumis à différents facteurs de risque ou, encore, qui se retrouvent en situation de vulnérabilité.

Il faut souligner toutefois, qu'il n'existe aucun consensus sur la signification des termes individu(s) et population(s) « à risque ». Comme le soulignent à juste titre Janicek et Cléroux (1982), ces termes renvoient à diverses réalités. Lorsque pris dans un sens très large, ces termes réfèrent à la population exposée à un facteur donné, lequel facteur peut être relié, sur le plan étiologique, à la maladie. Il s'agit alors du risque dû à l'exposition, sans tenir compte de la sensibilité des sujets à contracter la maladie. Pris dans un sens plus restreint, ces termes réfèrent aux populations à la fois exposées à un facteur donné et susceptibles à la maladie. L'expression désigne alors une population menacée ou vulnérable. Finalement, on utilisera aussi ces termes pour désigner une population à risque élevé, c'est-à-dire à l'ensemble des personnes qui ont, par rapport au reste de la population, une chance accrue de succomber à la maladie à la suite d'exposition unique, répétée ou prolongée au(x) facteur(s) pour des raisons héréditaires, des propriétés endogènes ou des raisons encore inconnues.

L'ensemble de ces notions nous permet ainsi de constater que, même dans la discipline qui les a créées, il n'existe pas de consensus quant au référent auquel renvoient les notions d'individus et de populations à risque. Comme nous le verrons plus loin, lorsque ces concepts sont exportés dans le champ du psychosocial, les ambiguïtés demeurent et deviennent plus confondantes encore.

Le modèle « classique » d'analyse et d'interventions en épidémiologie « classique »

Dans cette section, nous allons présenter le modèle étiologique classique tel que développé par l'épidémiologie. Le but poursuivi, par une telle démarche, n'est évidemment pas de réduire ou de confiner la discipline à ce seul modèle d'analyse, mais plutôt de faire ressortir le fait que c'est ce dernier qui inspire actuellement le rationnel que l'on tente d'appliquer aux problématiques psychosociales. Ainsi, de façon grossière, on peut dire que l'épidémiologiste qui travaille avec ce modèle étiologique, illustré à la figure 1 de la page suivante, cherche à relever les différents facteurs qui peuvent être associés à un problème de santé. On remarquera que, dans ce modèle, chaque facteur de risque (par exemple, l'alimentation, l'exercice physique, etc.) est considéré isolément en fonction de son influence sur une pathologie unique (par exemple, l'obésité). Ce même épidémiologiste pourra aussi tenter de relier un petit nombre de risques à une seule pathologie (par exemple, l'action du tabagisme et des anovulants sur les maladies emboliques).

FIGURE 1

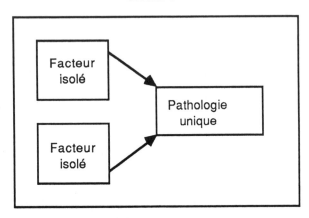

Tiré de Goldberg, 1982

On retrouve aussi une variante à ce modèle : dans ce cas, on tentera de relier un certain nombre de pathologies à un seul facteur.

FIGURE 2

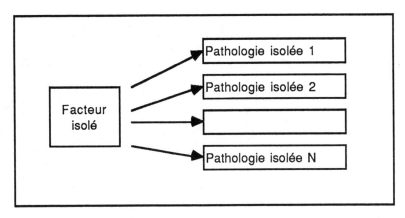

Tiré de Goldberg, 1982

Il faut retenir des deux figures précédentes, que le modèle d'analyse statistique étiologique classique traite des facteurs de risque, d'une part, et des pathologies, d'autre part, « [...] comme étant des phénomènes isolés, indépendants les uns des autres du point de vue de leurs origines » (Goldberg, 1982 : 68). Chaque variable du système est en fait traitée de façon égalitaire. Par conséquent, lorsqu'il est possible de démontrer qu'il existe un lien significatif entre un facteur de risque et une pathologie donnée, on est aussi à même de déterminer la cible d'éventuelles interventions ; en agissant sur le facteur de risque relevé, on devrait pouvoir agir aussi, du moins théoriquement, sur la pathologie appréhendée soit en la supprimant, soit en la modifiant. La cause étant connue, il devient en fait possible d'agir sur elle.

Les campagnes de sensibilisation sur les méfaits du tabac sont un bon exemple de ce type d'intervention. Après avoir d'abord établi un lien entre le tabac et le cancer du poumon, on cherchera à intervenir sur le facteur de risque lui-même, c'est-à-dire l'incidence du tabagisme qui, à son tour, devrait réduire la prévalence de la pathologie : le cancer du poumon.

Pour l'essentiel, on peut donc retenir que, dans ce modèle, l'épidémiologie cherche à établir des relations mathématiques entre un facteur de risque donné et une issue précise. Le cas échéant, on intervient sur les premiers afin d'éliminer, à tout le moins atténuer, la pathologie appréhendée. C'est dans ce contexte d'association, précisément, que les notions de risque (qui exprime une probabilité statistique mais pas forcément un lien causal), de facteur de risque (c'est-à-dire tout critère auquel est lié l'apparition d'un événement) et d'individu ou de population à risque (qui renvoie à la disposition ou la sensibilité de ces derniers face à une issue adverse) deviennent les concepts clés permettant d'opérationnaliser le modèle étiologique sous-jacent.

L'épidémiologie, bien sûr, ne peut être réduite à ces seuls modèles. Ses méthodes d'analyse et d'intervention sont beaucoup plus développées que ne le montre la présentation que nous en avons faite. Cette présentation nous permet cependant de mettre en évidence les difficultés rencontrées lorsque l'on veut transposer dans le champ du psychosocial la notion de risque et le modèle d'analyse et d'intervention qui a longtemps dominé dans cette discipline et dont s'inspirent les politiques sociales.

DIFFICULTÉS D'APPLICATION AU DOMAINE SOCIAL

Les difficultés d'application de ces notions au domaine social nous apparaissent tenir autant au modèle dont elles sont issues qu'à la nature même des notions.

Le modèle étiologique et la notion de risque appliqués à des problèmes sociaux

Nous avons vu que le modèle étiologique classique consiste à étudier un phénomène de santé à partir de un ou plusieurs facteurs pour lesquels, but ultime, on tente d'établir un lien causal. D'emblée, il est donc pertinent de se poser la question suivante : dans la perspective des problèmes sociaux, est-il possible d'établir des liens causals entre un ou plusieurs facteurs de risque et une situation donnée ?

Poser la question en ces termes, c'est presque y répondre. En effet, lorsqu'il s'agit de problèmes sociaux, le lien causal est très difficile à démontrer en raison de la nature des variables qui sont considérées. D'abord, ces dernières sont difficilement dissociables les unes des autres. Ensuite, même lorsqu'il est possible de les dissocier au plan conceptuel, l'interdépendance qu'empiriquement elles entretiennent entre elles rendra particulièrement difficile l'utilisation de l'analyse statistique de type épidémiologique qui, très souvent, sépare et traite de façon égalitaire les différents facteurs de risque.

Un exemple extrême emprunté à Marcel Goldberg (1982 : 65) permettra d'illustrer ce problème. Comment, en effet, peut-on étudier l'influence propre du nombre d'années d'étude sur la santé d'individus qui seraient de catégorie socioprofessionnelle égale ? Dans notre société, ces deux variables (scolarité et catégorie socioprofessionnelle) sont à ce point liées qu'elles deviennent, en quelque sorte, les composantes indissociables d'un troisième phénomène, le statut social.

D'ailleurs, non seulement les variables sociales et psychosociales ne peuvent être appréhendées séparément mais on ne dispose, par surcroît, d'aucun modèle explicatif permettant de rendre compte des mécanismes de liaison observés entre elles. On se retrouve donc face à de nouvelles difficultés sur lesquelles Goldberg nous amène à réfléchir :

> Si on ne dispose pas de modèle explicatif des relations entre la prévalence d'un facteur socio-économique et l'occurrence de tel problème de santé qui sous-tende l'analyse, l'établissement de fonctions de risque et l'étude d'une relation dose-effet n'ont pas de sens, même si les outils statistiques permettent de le faire. Que signifierait une courbe de type dose-effet entre revenu et mortalité par cancer ? Elle pourrait avoir un intérêt descriptif anecdotique, mais ne renseignerait ni sur le mécanisme de la relation, ni sur d'éventuelles mesures de prévention. Quelle conclusion tirer du calcul d'un risque attribuable de décès par maladie cardio-vasculaire en fonction du type d'habitat, alors qu'on ne peut pas « attribuer » la maladie aux conditions d'habitation ? (Goldberg, 1982 : 72).

En conséquence, lorsque des problèmes sociaux sont considérés, le protocole expérimental qui consiste à isoler les facteurs les uns des autres ne peut s'appliquer que très difficilement. Pour cette raison aussi, il est à peu près impossible d'établir un lien causal. En outre, aucun modèle ne peut, à ce moment-ci, rendre compte des interactions qu'entretiennent entre elles les différentes variables impliquées. Dans ce contexte, l'établissement d'un rapport marqué par le risque ne présente aucun intérêt particulier.

Il est intéressant d'ailleurs de souligner que l'épidémiologie elle-même n'arrive pas à dépasser, à l'intérieur de ses différents modèles, les difficultés que posent les variables de type social. La production de concepts aussi flous que celui de « facteurs favorisants » ou encore de « facteurs prédisposants » pour parler, par exemple, du statut socio-économique, témoigne bien de cette impossibilité à s'en remettre au traditionnel lien de causalité.

L'application du modèle étiologique à des problèmes sociaux, du moins si on le considère d'un point de vue purement classique, est donc grandement critiquable. Camil Bouchard l'illustre bien lorsqu'à l'issue d'une recherche menée sur les mauvais traitements, il affirme :

> [...] les risques de mauvais traitements augmentent selon les difficultés présentées par l'enfant (handicap, tempérament, conformisme, etc.), en interaction avec un manque d'habiletés et de connaissances des parents (implication, interaction, sensibilité) qui d'autre part peuvent se trouver dans des situations personnelles, conjugales, sociales et économiques défavorables (séparation, dépression, violence conjugale, perte d'emploi, insularité, nuisances sociales, etc.). Le poids à attribuer à chacun de ces facteurs demeure encore souvent à déterminer ; cependant, l'on connaît la possibilité de rendre compte des fluctuations systématiques des taux de mauvais traitements envers les enfants à partir d'indices de défavorisation des populations. Ces seuls indices sont toutefois impuissants à prédire à eux seuls qui, parmi ces populations, vivra un épisode de violence ou de négligence. Ce qu'il faut retenir, c'est le terme interactif des facteurs mentionnés et son rôle dans l'étiologie des mauvais traitements (Bouchard, 1988 : 137).

Ainsi, lorsqu'il s'agit de problèmes sociaux, on ne peut opérationnaliser les facteurs de risque séparément ni les ramener sur un plan de causalité linéaire et unidimensionnelle. Du reste, pour ce type de problème, un seul facteur de risque ne peut être à lui seul suffisamment puissant pour se révéler être un bon prédicteur d'issue.

Tous ces commentaires démontrent finalement que le modèle étiologique classique ne peut être appliqué à des problèmes sociaux, parce qu'il est impossible d'établir pour eux de liens causaux, les facteurs étant interactifs par définition. À l'inverse, en présence d'une situation ou d'un facteur de risque donné, il est très difficile de prévoir une issue précise.

L'utilisation de la notion de risque dans la perspective des problèmes sociaux et psychosociaux

Nous l'avons vu plus haut, la notion de risque renvoie, dans le contexte de l'épidémiologie, à la disposition d'un groupe ou d'un individu à être frappé par un événement ou un trouble prévisible qui peut avoir pour conséquence une perte, une difficulté ou une mauvaise santé. Comme les documents de politique sociale ne donnent habituellement aucune définition de ce qu'est une clientèle ou un groupe à risque, on est en droit de supposer que ces derniers renvoient également à ce type de disposition. Ces mêmes documents lui associent en effet la vulnérabilité de certains groupes et, plus particulièrement encore, les plus vulnérables parmi eux. Cette transposition de l'expression « à risque » sur des problèmes sociaux présente toutefois certaines difficultés importantes.

Il faut d'abord souligner qu'utiliser l'expression clientèles ou groupes à risque sans préciser le risque auquel ces derniers sont exposés fait en quelque sorte figure de non-sens. Le risque n'existe pas en soi ; c'est une dénomination incomplète qui n'exprime rien de plus qu'une probabilité statistique. Pour que le risque devienne une entité significative, il doit être mis en relation avec une éventualité généralement indésirable.

> [...] les épidémiologistes ont inventé la notion de « population à risque », mais toujours par rapport à un (ou peu) de risque et surtout par rapport à un type de pathologie. Un bon exemple est celui des migrants : ils forment une population considérée à risque pour la tuberculose, les grossesses pathologiques, etc. [...], mais à chaque fois, on ne considère qu'un seul couple risque-pathologie (Goldberg, 1982 : 68).

C'est là notre première réserve quant à l'utilisation de la notion de risque, dans les documents de politique sociale. De plus, on se souviendra que les problématiques auxquelles réfèrent ces documents sont : la santé mentale, les jeunes en difficulté, etc. On conviendra ici de la difficulté à relever les causes agissant sur de telles problématiques. Dès lors, on peut se demander, dans un contexte où les pathologies et les situations jugées indésirables ne sont jamais précisées et dans un contexte où les causes ne peuvent pas être mises en évidence, donc dans un contexte où le rapport de probabilité n'est plus exprimé, s'il y a une quelconque pertinence à continuer à utiliser l'expression clientèles à risque.

Cette utilisation de la notion de risque est d'ailleurs source d'une autre confusion : elle ne renvoie pas toujours à des référents de même nature. Ainsi, tantôt elle est définie par rapport au sujet (enfant, jeune, adulte, famille, etc.), tantôt par rapport à l'objet (santé physique, santé mentale, développement des habiletés, etc.) et parfois aussi, en fonction d'une situation jugée menaçante (chômage, séparation, deuil, etc.). Cette confusion entre les sujets, les objets et les situations à risque, ne peut que générer d'importants problèmes au niveau de l'intervention.

CONCLUSION

Ainsi, nous ne pouvons qu'exprimer de sérieuses réserves quant à la pertinence et la validité de la transposition, dans le champ du social, de la notion de risque et du modèle d'analyse étiologique ; cette transposition souffre de carences trop importantes pour mériter un intérêt soutenu et poursuivi.

Le modèle étiologique, rappelons-le, permet d'établir des liens de causalité linéaire et unidimensionnelle entre un facteur de risque et une issue donnée. Or, dans l'état actuel de nos connaissances, lorsqu'il s'agit de problèmes psychosociaux, les causes étant par définition multiples et interactives, il est virtuellement impossible d'établir des rapports causals à partir de facteurs de risque spécifiquement relevés. Pour ce type de problèmes, le modèle d'analyse étiologique est donc inopérant.

D'ailleurs, le pourrions-nous que l'utilité de l'opération demeurerait discutable. En effet, comme le souligne Goldberg, à quoi pourrait bien nous servir de calculer le risque attribuable de décès par maladie cardiovasculaire en fonction du type d'habitation si on ne peut pas « attribuer » la maladie aux conditions d'habitation (Goldberg, 1982 : 68). Travailler dans le champ du social à partir des facteurs de risque et des causes implique donc des difficultés opérationnelles importantes.

À la suite de notre présentation du modèle étiologique, nous avons aussi fait un examen de la notion de « risque » elle-même. Comme pour le modèle étiologique, nous avons dû conclure que la notion ne pouvait traduire la réalité qu'on voulait pourtant lui faire représenter. Par définition, le risque renvoie à un rapport statistiquement fort entre deux éléments (généralement un facteur de risque et une issue déterminée). Or, dans le champ du social, en raison de l'interaction complexe qui existe entre les différentes variables, il est impossible de travailler avec un seul facteur de risque et, but ultime, d'établir pour lui un rapport de causalité ou d'influence. À l'intérieur de ce segment, la notion de « risque » introduit donc une situation inverse à ce qu'elle devrait normalement rendre prévisible, c'est-à-dire l'établissement d'un rapport de causalité.

Là ne s'arrête pas le problème : se définissant parfois en fonction du sujet (enfants et familles à risque), parfois en fonction de l'objet (santé mentale, toxicomanie, etc.) et parfois aussi en fonction des situations (deuil, séparation, etc.), la notion de « risque » entretient une équivoque conceptuelle importante qui contribue, elle aussi, à distordre le concept lorsqu'on veut l'appliquer dans la sphère du social. De plus, la notion n'est pas neutre. Elle a une connotation réductrice et stigmatisante pour ceux et celles qui s'en voient accorder l'attribut. Pour toutes ces raisons, on se doit de conclure sur la non désirabilité et l'inopérationnalité de la notion de « risque » lorsque celle-ci est utilisée dans la perspective des problèmes sociaux.

Bibliographie

BACKET, E.M. *et al.* (1984). *L'approche fondée sur la notion de risque et les soins de santé, notamment la santé maternelle et infantile*, Organisation mondiale de la santé, Cahiers de santé publique, n° 76.

BERKMAN, Barbara *et al.* (1980). « A Social Work Department Develops and Tests a Screening Mechanism to Identify High Social Risk Situations », *Social Work in Health Care*, vol. 54, été, 373-385.

BOUCHARD, Camil (1983). « Non à la prévention », dans *Psychothérapie Attention !*, Québec, Québec-Science Éditeur, Presses de l'Université du Québec, 203-223.

BOUCHARD, Camil (1984). « Les avatars de la prévention : prétendre prévenir », *Revue internationale d'action communautaire*, vol. 11, n° 51, 21-27.

BOUCHARD, Camil *et al.* (1988). *Prédire et prévenir les mauvais traitements envers les enfants*, Montréal, Laboratoire de recherche en écologie sociale, Université du Québec à Montréal, 171 p.

CLÉMENT, Michèle (1990). « Exploration d'une notion en émergence dans le milieu des pratiques », dans OUELLET, Hector (sous la direction de), *Clientèles à risque : Du risque « individuel » au risque « écologique »*, Québec, Collection support à l'intervention, Centre de recherche sur les services communautaires, Université Laval.

COMITÉ BRUNET (1987). *Rapport du comité de réflexions et d'analyse des services dispensés par les CLSC*, Québec, Gouvernement du Québec, ministère de la Santé et des Services sociaux, mars, 91 p.

COMMISSION ROCHON (1988). *Rapport de la commission d'enquête sur les services de santé et les services sociaux*, Québec, Les Publications du Québec, 803 p.

CÔTÉ, Charles (1989). *Qui sont les groupes à risque et comment les desservir ?*, Québec, Centre de recherche sur les services communautaires, Université Laval, 20 p. texte inédit.

DAB, W. (1989). « Épidémiologie » dans BRÜCKER, Gilles et Didier FASSIN (sous la direction de), *Santé publique*, Éditions Ellipses, 11-53.

FOURNIER, Jacques (1989). *Le défi des clientèles à risque*, Document d'orientation concernant les communications externes, CLSC Longueuil Ouest, 16 octobre, 20 p.

GOLDBERG, Marcel (1982). « Cet obscur objet de l'épidémiologie », *Sciences sociales et santé*, n° 1, décembre, 55-109.

GOUVERNEMENT DU QUÉBEC (1989). *Pour améliorer la santé et le bien-être au Québec : Orientations,* Québec, Gouvernement du Québec, ministère de la Santé et des Services sociaux, avril, 147 p.

GOUVERNEMENT DU QUÉBEC (1990). *Une réforme axée sur le citoyen,* Québec, Gouvernement du Québec, ministère de la Santé et des Services sociaux, décembre.

JANICEK, M et R. CLÉROUX (1982). *Épidémiologie : principes, techniques, applications,* Éditions Edisem, 454 p.

LAPOINTE, Yolaine et Denis CHABOT (1989). *Expérimentation d'une démarche pour rejoindre les clientèles à risque en milieu rural et semi-rural,* CLSC Fleur de Lys, février. 104 p.

PERLOFF, L. (1983). « Perceptions of Vulnerability to Victimization », *Journal of Social Issues,* vol. 39, n° 2, 43, cité dans COMITÉ DE LA SANTÉ MENTALE DU QUÉBEC (1985). *La santé mentale des enfants et des adolescents : vers une approche plus globale,* Avis sur la protection et le développement mental des jeunes, Québec, Gouvernement du Québec, 251 p.

PINEAULT, Raynald et Carole DAVELUY (1990). *La planification de la santé : concepts, méthodes, stratégies,* Les Éditions Agence D'Arc inc, 480 p.

Deux têtes et quelques doigts de pied : la réforme de la santé et des services sociaux

Paul L*ANGLOIS*
CSS Québec et
Fédération des professionnels et professionnelles
salariés et cadres du Québec (FPPSCQ-CSN)

Chaque époque entraîne avec elle son lot de curiosités, marquant la mémoire des générations trouvées sur son passage. C'est le cas pour la décennie 90 qui débute avec la naissance d'un animal étrange nommé Loi 120 (Gouvernement du Québec, 1991), et dont la forme laisse autant perplexe que songeur ; elle se compose de deux têtes et quelques doigts de pied.

UNE PREMIÈRE TÊTE : LE GROUPE DES TECHNOCRATES

Avec le travail de la Commission d'enquête sur les Services de Santé et le Bien-être social, appelée communément Commission Castonguay-Nepveu, une position nouvelle et décisive s'affirme au Québec. La fraction « moderniste, économiste et technocratique » de la Commission réussit, sans difficulté, à imposer ses vues et proposer un modèle qualifié de « systémique », à même de permettre l'introduction du groupe des technocrates. Nous voyons donc au début des années 70 se consolider un modèle qui, de l'avis de Mayer (1987 : 100), s'inspirera essentiellement :

- des lois économiques (production maximale, coût minimum) ;
- de la logique administrative (centralisation des décisions vers le sommet et dispensation des services vers le bas) ;
- du modèle scientifique (analyse quantitative pour la définition des problèmes et des solutions).

Le « management industriel » prend dès lors racine sur de nouvelles terres à défricher, et la prestation de services de santé et de services sociaux se voit plus que jamais subordonnée à des considérations d'ordre politique, économique et administratif. « Aussi les économistes et les administrateurs constituent-ils les professionnels privilégiés [...] dans les prises de décisions », précise Laforest (1976 : 106). Vingt années supplémentaires n'auront fait que conforter cette tendance, comme le confirme l'adoption en troisième lecture, le 28 août 1991, de la Loi 120 sur les services de santé et les services sociaux (Gouvernement du Québec, 1991).

Celle-ci est précédée du Livre blanc du 7 décembre 1990, dont le message se veut, pour sa part, non équivoque :

> Le développement économique doit aujourd'hui obéir aux nouvelles règles imposées par l'ouverture des marchés et la mondialisation. Le Québec doit [...] soutenir la concurrence en regard des dépenses totales de santé, dont l'augmentation nuirait [...] à la capacité concurrentielle du Québec sur le plan économique. [...]

> Pour réduire les dépenses, il faut accroître l'efficience du système ou désassurer certains services. Pour augmenter les revenus, il faut recourir à de nouvelles mesures fiscales ou encore imposer des tarifs sur les services (MSSS, 1990 : 77).

Les impératifs d'efficience dans la gestion des ressources portent le Ministre à faire part très ouvertement de ses intentions : les décideurs doivent jouir d'une marge de manœuvre accrue, grâce à l'allègement de la réglementation et du cadre de gestion. Il suggère alors que des dispositions telles que celles obligeant la constitution des structures de nature consultative (Conseil consultatif du personnel clinique, Comité consultatif de la direction générale, directeur des services professionnels, directeur des soins infirmiers) puissent être retirées du cadre légal (MSSS, 1990 : 72).

Avec la Loi 120, le Ministre n'atteint que partiellement cet objectif, mais il s'assure, en bout de ligne, de pouvoirs réglementaires si étendus que c'est la portée même de la loi qui s'en trouve touchée. Pouvoirs réglementaires, création d'un conseil d'administration unifié pour plusieurs catégories d'établissement, mesures visant l'économie d'échelle, promesse d'allégement des aspects de la réglementation actuelle touchant les décideurs-gestionnaires, constitution d'un centre de référence des directeurs généraux et des cadres. Voilà autant d'assises sur lesquelles s'appuie désormais le Ministre pour accroître l'efficience d'un système qui, à son avis, serait de moins en moins à la mesure de nos moyens.

UNE DEUXIÈME TÊTE : LA PROFESSION MÉDICALE

L'été 1991 est chaud, et la riposte des médecins à l'avant-projet de Loi 120 se montre soudaine et définitive. Au cours de tractations de dernières minutes, la profession médicale obtient la reddition du gouvernement, et ce dernier écarte maintenant toute tentative de discipliner l'enfant terrible du système. Entre autres, grâce au gain inestimable que constitue la création d'une Commission médicale régionale, dont chaque régie, alors, devra se doter, la profession médicale « surimpose » désormais une nouvelle logique au plan d'ensemble proposé par la loi. Si elle est la loi de l'efficience ou de l'efficacité concurrentielle, elle est aussi la loi de la profession souveraine et omni-présente ; en fait, elle est une loi à deux têtes. Examinons de plus près le visage « médical » de celle-ci.

- En plus de la constitution de commissions médicales régionales char-gées de donner leur avis directement au conseil d'administration de la régie, et dont le président de la commission fait partie par surcroît, l'assurance de déposer un projet de loi créant le Conseil médical du Québec est donnée par le Ministre.

- La loi crée au sein de chaque régie régionale une direction de la santé publique dont le directeur sera un médecin, lequel aura une for-mation en santé communautaire.

- Un Conseil des médecins, dentistes et pharmaciens est institué pour chaque établissement où exercent au moins cinq médecins, dentistes ou pharmaciens.

- Un directeur des services professionnels est obligatoirement nommé dans un centre hospitalier ou un centre de santé, à la différence des autres établissements. Le directeur doit être un médecin et être nommé après consultation du Conseil des médecins, dentistes et pharmaciens.

- Lorsqu'une plainte porte sur un acte médical, contrairement au traite-ment habituel des plaintes, le cadre supérieur doit acheminer la plainte vers le Conseil des médecins, dentistes et pharmaciens, ou le médecin désigné à cette fin par le conseil d'administration.

– Sur l'avis du médecin traitant ou désigné, l'établissement peut refuser l'accès momentané au dossier de l'usager, et déterminer le moment où le dossier, ou sa partie, pourra être communiqué à l'usager.

– L'obligation de constituer un Comité des usagers pour la plupart des établissements est facultative pour un centre hospitalier de soins généraux et spécialisés, comme c'est aussi le cas pour un CLSC.

– Faut-il le rappeler, enfin, « le statut de libre entrepreneur et le mode de rémunération à l'acte des médecins n'ont pas été touchés » (CSN, 1991 : 9).

Dans le sillon bien tracé par ce deuxième pouvoir, le personnel infirmier conquiert, pour sa part, un territoire enviable. Il a droit lui aussi, et aux mêmes conditions, à son Conseil des infirmières et des infirmiers, et à son directeur des soins infirmiers obligatoire en centre hospitalier et en centre de santé. Le Conseil des infirmières assure, de plus, la constitution d'un comité des infirmières-auxiliaires dont une représentante siège au comité exécutif du conseil.

QUELQUES DOIGTS DE PIED

Tandis que le Ministre, le groupe des technocrates et la profession médicale accaparent la quasi-totalité des leviers d'importances, quelques éléments sont distribués inégalement, çà et là.

Ainsi, *la population* est appelée à participer à tous les trois ans à l'assemblée régionale, comme elle le fait pour les assemblées publiques d'établissement, afin d'élire les membres du conseil d'administration de la régie régionale et d'approuver les priorités régionales. Il s'agit, pour 40 % des membres de l'assemblée régionale et la même proportion au conseil d'administration (CA) de la régie, de personnes élues par les municipalités et par les organismes représentatifs de groupes socio-économiques, ainsi que de groupes intéressés au domaine de la santé et des services sociaux.

En outre, *l'usager* fait l'objet d'une attention particulière lors d'énoncés de lignes directrices devant guider la gestion et la prestation de service. Ces énoncés réaffirment que la raison d'être des services est la personne qui les requiert. S'ajoute à cela un dispositif impressionnant pour le traitement des plaintes de l'usager et l'obligation pour tout établissement de se doter d'un code d'éthique. Enfin, la constitution obligatoire de comités d'usagers au sein de tout établissement, exception faite des centres hospitaliers de soins généraux et spécialisés ou des CLSC, permet au surplus une représentation de deux sièges sur les CA d'établissement.

Le personnel clinique a droit à son Conseil multidisciplinaire, dont le comité exécutif devra être composé de titres d'emploi différents et, le cas échéant, de membres de corporations professionnelles différentes. Par contre, le CA peut décider si un seul conseil multidisciplinaire doit être institué pour l'ensemble des établissements qu'il administre. Cette dernière nuance peut modifier substantiellement la nature du rôle que peut jouer ou ne pas jouer un tel conseil.

Le milieu communautaire obtient, quant à lui, une reconnaissance explicite au sein de la loi. Celle-ci va jusqu'à préciser que le Ministre peut subventionner des organismes communautaires répondant à des besoins nouveaux non prévus dans un plan régional d'organisation de services d'une régie régionale. Le milieu communautaire se voit assigner un rôle d'assistance aux personnes qui portent plainte, mais, surtout, il doit constituer 20 % de l'assemblée régionale et il a droit à la même proportion de membres au conseil d'administration de la régie régionale.

L'instance syndicale, enfin, se voit attribuer une toute petite place relativement à l'élaboration du plan d'action pour le développement du personnel. En fait, il s'en est fallu de peu pour que la loi ne fasse aucunement référence à l'existence des syndicats dans les établissements (CSN, 1991 : 11-12). Le rôle de la CSN, pour la prendre en exemple, fut capital pourtant quand on voit ce qu'elle put faire valoir au sein de différentes coalitions comme celle pour le maintien de la gratuité ou la coalition pour la santé et le bien-être. Cette coalition a ainsi « obtenu du ministre l'engagement qu'il y aura création d'un Conseil de la santé et du bien-être » (CSN, 1991 : 10-11), capable de rétablir un certain équilibre face à l'éventuel Conseil médical du Québec.

La Loi 120 constitue un programme qui, en dehors de ses louables énoncés de principe, n'assure malheureusement pas toujours toute la cohérence voulue, compte tenu de son objectif principal : le maintien et l'amélioration de l'état de santé et de bien-être de la population.

Bibliographie

CONFÉDÉRATION DES SYNDICATS NATIONAUX (CSN) (1991). *La réforme Coté et les interventions de la CSN*, Montréal, CSN, Conseil confédéral des 12,13 et 14 décembre 1991, 72 p.

GOUVERNEMENT DU QUÉBEC (1991). *Loi sur les services de santé et les services sociaux et modifiant diverses dispositions législatives*, dans *Lois du Québec, 1991*, chap. 42. [Cette législation est communément désignée sous le nom de « Loi 120 » en raison du numéro du projet de loi présenté en décembre 1990.]

MAYER, R. et L. GROULX (1987). *Synthèse critique de la littérature sur l'évolution des services sociaux au Québec depuis 1960*, Synthèse critique n° 42, Commission d'enquête sur les services de santé et les services sociaux, Québec, Les Publications du Québec, 1987, 156 p.

MINISTÈRE DE LA SANTÉ ET DES SERVICES SOCIAUX (MSSS) (1990). *Une réforme axée sur le citoyen*, Québec, Gouvernement du Québec, décembre, 93 p.

LAFOREST, J. (1976). « Réforme », *Service Social*, vol. 25, n° 2-3, juillet-décembre, 99-111.

Mes quatorze ans comme travailleuse sociale (1970-1984)

Diane CHAMPAGNE
*Université du Québec
en Abitibi-Témiscamingue*

Cet article retrace le parcours professionnel de l'auteure. Celle-ci nous fait part de l'esprit qui l'animait au cours de ses études et comme jeune intervenante, de l'effet des différentes réformes gouvernementales sur sa pratique, de sa décision de retourner aux études. Il est aussi question de ses tentatives pour résister à l'effritement de l'autonomie professionnelle.

Le projet de décrire la vie d'une travailleuse sociale à travers ses quatorze ans d'expérience remonte à 1984. À l'origine, je voulais réécrire dans une forme romancée mon mémoire de maîtrise, conduit sous l'angle d'une analyse politique portant sur les structures de pouvoir engendrées par l'organisation d'un Centre de services sociaux (CSS). Cet article présente une synthèse de mon expérience en espérant que plusieurs lecteurs et lectrices pourront se reconnaître dans mes préoccupations de travailleuse sociale tiraillée entre ma perception de services sociaux de qualité et les luttes contre le contrôle qu'ont cherché à exercer sur ma pratique les dirigeants de mon CSS.

LA PÉRIODE DES ÉTUDES

Je me rappelle avec émotion de mes années d'études de baccalauréat en travail social. J'avais vingt ans et nos professeurs clamaient que nous devions être militants tout autant que spécialistes. Dans les salles de cours, les modèles d'analyse traditionnels cédaient la place à toutes sortes de nouvelles approches. Nos professeurs étaient des enfants de la Révolution tranquille et la plupart d'entre eux venaient de familles modestes qui avaient connu de près ou de loin les grandes expériences de mobilisation sociale de l'époque : le front d'action politique (FRAP), le Bureau d'aménagement de l'Est du Québec (BAEQ), la télévision éducative du Québec (TEVEQ). On savourait encore les retombées du Mai 1968 français, de la contre-culture américaine et de la montée d'un syndicalisme québécois plus radical. La liberté intellectuelle de nos professeurs était contagieuse et nous permettait d'explorer de nouvelles avenues. Je rêvais de cet avenir dans lequel je jouerais un rôle de première importance et où je participerais à l'avènement d'une société meilleure, plus égalitaire, plus sensible et plus politisée. Je rêvais de devenir à mon tour un agent de changement !

LE MARCHÉ DU TRAVAIL

En 1970, le marché du travail était plus qu'ouvert : le domaine des affaires sociales bouillonnait, on avait grand besoin de personnel et je pouvais choisir parmi les offres d'emploi. En ce matin de janvier 1970, dans l'autobus qui m'emmenait à l'agence de service social, je tentais vainement de calmer la nervosité qui m'assaillait. C'était ma première journée de travail et je me demandais anxieusement avec qui je travaillerais, comment je serais accueillie par les autres employés, comment je m'intégrerais à mon milieu de travail, et quoi encore !

À mon arrivée, le directeur m'explique le fonctionnement du bureau tout en insistant fortement sur la bonne collaboration entre les membres, sur le respect des aînés et sur l'esprit de famille qui formaient le pivot de la bonne marche de la « boîte ». Je sentis un vent de paternalisme passer ; entre les lignes, on m'a fait comprendre qu'étant la benjamine, je saurais très certainement tirer profit de l'expérience de mes collègues, m'améliorer et grandir au contact de mes pairs. Ce fut ensuite la visite des lieux et la présentation officielle. Ma première semaine de travail à l'agence s'est passée en lectures et discussions.

Au fur et à mesure que je travaillais, je me rendais compte que la dynamique de l'agence reposait sur les intérêts et les habiletés de chaque travailleur social : l'organisation ne présentait ni planification globale, ni uniformité au plan des interventions, ni orientation spécifique, ni aucune division par programme. Chacun choisissait la clientèle avec laquelle il désirait travailler et l'intervention se faisait alors en fonction du milieu. À cette époque, la notion de contrôle, avec toute la paperasserie de feuilles de temps, de feuilles de sortie, de ratio de rencontres et de personnes placées, n'était pas encore une réalité. Il y avait, bien sûr, les nombreux rapports d'activités à fournir aux supérieurs, mais l'emploi du temps était consacré majoritairement à la clientèle.

J'ai entendu des travailleurs sociaux discuter librement de la situation de certains de leurs bénéficiaires ; j'en ai vu d'autres se passer leurs dossiers, se rencontrer et organiser une intervention commune. Ce fut notamment le cas pour les employés d'une usine qui avaient été licenciés quelques mois avant d'avoir droit à la retraite. Congédiés, ils avaient perdu l'assurance financière pour leurs vieux jours. Deux intervenants avaient rencontré des travailleurs de cette usine et organisé une action collective de concert avec eux. Il y eut réunion des employés, formation d'un comité de stratégie, animation des rencontres, médiation, etc. Les employés se sont pris en main et les travailleurs sociaux s'étaient contentés d'agir en conseillers. J'avais participé à tout le déroulement de cette intervention et cette action cadrait bien avec ma vision de la pratique professionnelle d'un travailleur social : étude globale des situations personnelles en fonction du milieu, identification des besoins des gens, assistance et non prise en charge.

Cette pratique existait pourtant depuis quelques années au Québec : dans le quartier St-Henri, à Montréal, dans le quartier Saint-Roch, à Québec, dans le quartier Centre-Sud, à Sherbrooke, pour ne nommer que ceux-là, des travailleurs sociaux expérimentaient avec ferveur l'animation sociale. Ils étaient mes modèles : s'inspirant beaucoup de certains auteurs américains comme Saul Alinsky, ils avaient popularisé l'animation sociale, un modèle d'intervention qui se voulait novateur par rapport aux approches traditionnelles d'organisation communautaire, mais sans être trop radical non plus.

Participer, faire participer, susciter la participation : tout au long de ma formation, cet objectif était revenu comme un leitmotiv. Hélas ! ces idées « révolutionnaires » n'avaient pas encore franchi le seuil de l'agence ; elles inquiétaient même un peu mes collègues plus âgés, tout comme les inquiétait le montant de la pension qui leur serait versée à leur retraite qu'ils allaient prendre dans quelques années. Durant ces premiers mois de travail, j'ai compris rapidement que le changement social serait beaucoup plus difficile à réaliser que me l'avaient laissé croire mes cours à l'Université ! On ne m'avait pas vraiment assez parlé de la résistance, de la méfiance, de la peur que suscite le changement.

LA RÉFORME CASTONGUAY-NEPVEU

À cette époque, l'application prochaine des recommandations de la réforme Castonguay-Nepveu créait à l'agence une atmosphère à la fois inquiète, tendue et fébrile. Mes supérieurs passaient de nombreuses heures au bureau du grand patron ; on recevait également un grand nombre de visiteurs, principalement des administrateurs d'autres agences et institutions de services sociaux. Comme l'information circulait lentement et mal, nous, les praticiens, ne savions quasiment rien de ce qui se tramait. On se demandait si on allait changer de fonction en raison de la spécialisation ou être mutés, si l'agence fermerait, si la pratique serait modifiée, mais personne ne détenait d'informations précises. Puis, un beau matin, tous les employés de l'agence furent convoqués et mis au courant de ce qui arrivait dans les services sociaux à travers le Québec. Grosso *modo*, l'agence ferait place au Centre des services sociaux (CSS) et sa mission serait de promouvoir la socialité par la production de services sociaux spécialisés.

En tant que praticienne, j'ai travaillé à l'implantation du CSS dans ma ville avec énormément d'intensité, car je croyais fermement à cette réforme. J'ai passé des semaines fiévreuses, partagée entre mes clients et les multiples réunions en prévision de l'implantation du CSS. L'argument de la participation était mon bastion : d'ailleurs, l'implantation de la direction participative par objectifs (DPO) et du Conseil consultatif du personnel clinique (CCPC) le prouvait bien. J'ai cru comme tant d'autres à ces deux structures axées sur la participation, aux orientations et aux objectifs généraux et spécifiques du service social que devait offrir notre propre CSS. Que j'étais naïve !

Avec le temps, je me suis mise à ressentir un petit malaise, aussi tenace que dérangeant. Au début, il se manifestait lorsque mon chef de secteur me glissait, gentiment mais fermement, quelques remarques sur mes modes d'intervention : trop de temps passé à l'extérieur, trop de temps par rencontre, des analyses trop poussées. Toutes ces remarques me signalaient que j'en faisais trop et surtout que je ne faisais pas assez ce qu'on attendait de moi. On ne voulait plus de ces analyses centrées sur l'action sociale à entreprendre pour remédier : on voulait plutôt que je donne un service à court terme, que je fournisse une réponse à une demande ponctuelle sans prendre en considération l'environnement du client. La participation par objectifs se révélait être un placebo. J'avais l'impression qu'on m'enlevait de la latitude dans ma pratique et je me sentais surveillée. Nous étions alors en 1974, et mes espoirs de 1971 me paraissaient déjà bien loin.

Même si l'atmosphère était à la désillusion, nous ne nous sommes pas laissés abattre. Par exemple, nous avons formé un comité d'études sur la pertinence de l'implantation de la direction participative par objectifs ; notre comité produisit un rapport contenant une analyse de la situation, une liste de nos insatisfactions et une vingtaine de recommandations. Ces recommandations constituaient autant de revendications axées sur la pratique professionnelle et les conditions de travail. Pendant une couple d'année, j'ai milité dans le syndicat qui devint notre porte-parole en matière de développement professionnel.

Nous avons donc présenté ce rapport au conseil d'administration du CSS. Il a été décidé de former un nouveau comité, plus gros et plus officiel (c'est-à-dire avec quelques gestionnaires en plus !), dont le mandat consisterait à approfondir notre étude en l'élargissant à tous les niveaux du CSS. On n'aurait pu trouver plus belle tactique pour noyer le poisson ! Les recommandations les plus importantes ont été ignorées et les travaux du comité on traîné en longueur : les employées se sont désintéressées et ont laissé tomber. Un an plus tard, nous n'en entendions plus parler.

Au CCPC, ça brassait de plus en plus. Mis sur pied pour participer à la définition des programmes et des politiques d'intervention, le CCPC produisait des études et des recommandations ; toutefois, au fur et à mesure que le fruit de notre travail grimpait les échelons de la hiérarchie, les recommandations s'amenuisaient et s'envolaient en fumée. La surprise passée, un sentiment d'incompréhension surgit qui dégénéra rapidement en colère : un conflit de type guerre froide provoqua la dissolution du CCPC.

Entre temps, nous étions bombardés de nouvelles politiques, de nouveaux modes d'intervention conformes aux grandes lignes directrices du ministère des Affaires sociales (MAS), mais parfois fort éloignés de nos propres suggestions, quand ils ne s'y opposaient pas carrément. La réforme donnait lieu à des jeux de stratégies dont les enjeux étaient la préservation ou l'acquisition du pouvoir de certains acteurs : jamais les besoins des usagers ne constituaient les véritables enjeux.

EN PERTE D'AUTONOMIE PROFESSIONNELLE

Je constate que les préoccupations que j'avais à cette époque étaient plutôt d'ordre administratif que professionnel. J'avais déjà été contaminée par la fièvre technocratique de sauver ma pratique et ce, en utilisant les mêmes tactiques que mon employeur. En perte d'autonomie professionnelle et de pouvoir, nous, les praticiens, avons cherché et acquis des ressources dans le but d'élargir notre marge de manœuvre pour échapper au contrôle des cadres. Ce faisant, nous avions délaissé le questionnement des structures et des objectifs du CSS.

Pendant ce temps, ma pratique s'effritait ; je ne parle pas encore de créativité anéantie, ni de qualité perdue au profit d'une « tenue de livres » : je fais seulement allusion à une diminution considérable de latitude dans mes interventions et à une augmentation de la cadence. Le tout entraînait des analyses moins complètes et moins sociales, donc plus superficielles et plus individuelles. Nous avions des réponses à offrir, des réponses toutes faites.

À la réforme Castonguay-Nepveu de 1970-1976 succéda la contre-réforme Forget ; ce fut un choc, mais le coup a été moins fort parce que nous nous y attendions. Les coupures de tout acabit nous faisaient mal et nous rendaient agressifs et amers, mais elles étouffaient surtout ce qui nous restait de foi en ce changement tant attendu et tant désiré. Certes, on ne peut nier qu'il y ait eu changement, mais il différait considérablement de celui que nous avions espéré et de celui que la Commission Castonguay-Nepveu nous avait laissé entrevoir. Toutes ces structurations, déstructurations et restructurations qui nous étaient imposées résultaient d'une évaluation basée sur la logique « gestionnelle » et technocratique. Plusieurs politiques d'intervention changèrent de « look » : les nouvelles étaient qualifiées de rationnelles et plus efficaces. En réalité, elles n'étaient que plus spécifiques, comme un mode d'emploi.

En 1976, soucieux de bien répondre aux exigences du Ministère, mon CSS a accepté d'implanter le système informatisé GAMMA. Nouveau conflit. Dans le coin droit, les administrateurs mettaient de l'avant leur souci de modernisation et d'efficacité ; ils avaient un budget de plusieurs millions à gérer, une quantité fantastique de données à traiter et ils souhaitaient en accélérer les processus. Dans le coin gauche, les travailleurs sociaux brandissaient le droit à la confidentialité des dossiers et à une certaine autonomie professionnelle.

À cette époque, l'ensemble des travailleurs sociaux se divisait en trois groupes selon leurs réactions face aux modifications qui se vivaient à l'intérieur du CSS. Il y avait les résistants, ceux et celles qui se battaient pour conserver une pratique professionnelle autonome ; ceux-là et celles-là s'opposaient de front au comité de gestion. Puis venaient les résignés qui acceptaient pratiquement tout, convaincus que de toute façon, la direction gagnerait toujours : alors pourquoi s'opposer et ne pas s'adapter tout de suite. Enfin, on retrouvait les indécis qui tantôt grossissaient les rangs des résistants, tantôt ceux des résignés ; ils agissaient en fonction de la victoire anticipée.

Le plus difficile dans tout ça est d'identifier la cause profonde de cette dégradation de la situation. Je gueule contre l'administration parce qu'il me faut un bouc émissaire, mais je sais très bien que les administrateurs sont également des exécutants relevant directement du MAS, qui lui-même doit rendre des comptes au gouvernement. Le cercle est vicieux et la machine cent fois, mille fois, trop grosse. Alors, on se sent impuissant. J'ai quand même continué, pendant quelques années encore, à dénoncer les failles d'une hiérarchie dont la gestion s'apparentait progressivement à celle de l'industrie privée.

LE RETOUR AUX ÉTUDES

En 1979, j'ai décidé de m'inscrire à temps partiel à la maîtrise en service social : après huit ans de pratique, je sentais le besoin de plus en plus pressant de faire le point, de pousser plus avant mon analyse des problèmes sociaux, de la société, des institutions mandatées par l'État pour distribuer des services de santé et des services sociaux. L'investissement dans la formation fut pour moi l'alternative au « burn out » ; les études de maîtrise me permirent de me resituer comme intervenante dans ce système qui n'en finissait plus de changer.

Si j'évalue ma formation à la lumière de mes objectifs personnels de départ, j'ai obtenu ce que je voulais : une réflexion théorique et critique sur le système québécois des services sociaux et sur les principaux modes d'intervention qui caractérisent les pratiques sociales dans ce système. C'est sans doute au cours de ces études que j'ai appris à articuler mes opinions et mes réflexions, et à manier un vocabulaire plus théorique. Une fois mes études terminées et mon diplôme en poche, il me restait tout de même à transiger avec le quotidien où l'écart entre le discours et l'agir demeurait si présent. Par contre, ce fut moins dramatique que je ne le pensais : la compréhension plus sereine de la réalité a facilité la poursuite de mes actions journalières. L'investissement dans ma formation m'aura donné l'occasion de conserver mon équilibre tout en développant une meilleure compréhension de ma situation.

Mes études n'ont cependant pas arrêté le cours des événements dans les services sociaux. Mise en vigueur en 1979, la *Loi sur la protection de la jeunesse* est venue durcir davantage l'organisation des services sociaux et la pratique professionnelle. Non seulement durcir, mais modifier une fois de plus la structure même du CSS : la « Loi 24 » devint la doctrine du CSS et nous obligea à une pratique de peur, d'autant plus que nous n'étions à peu près pas préparés à cette nouvelle façon d'intervenir. Comme pour les autres, mon travail s'est résumé à évaluer une grande quantité de cas signalés et à régler les crises sur le champ, tel que la loi le spécifiait. Je me sentais obligée d'agir en fonctionnaire, en policière ou en récupératrice : dans un tel contexte, je me suis désengagée et j'ai perdu mon dynamisme au profit d'automatismes de commis de l'État. Je vivais un véritable paradoxe.

NOUVEAUX RAPPORTS DE FORCE

L'année 1980 fut celle du durcissement des relations entre cadres et praticiens et de l'augmentation du contrôle sur la pratique professionnelle. En effet, dans un document intitulé *Perspectives et orientations du CSS*, le comité de gestion proposait de définir les besoins de la clientèle, de créer des ressources adéquates, de choisir des solutions-réponses et une nouvelle catégorisation des clients. L'atteinte de ces objectifs relevait d'un encadrement axé sur le contrôle et l'évaluation de la pratique, tant qualitativement que quantitativement. Cette évaluation incombait bien sûr aux cadres supérieurs, le comité de gestion s'octroyant le droit de regard et de décision. Voici d'ailleurs les propos d'un membre du comité de gestion qui ne se gênait pas pour parler ouvertement de ce que la direction pensait de nous :

> Quand on a fait *Perspectives et orientations*, en 1980, je pense qu'à ce moment-là, on n'y croyait plus tellement, à l'autonomie des praticiens et à l'auto-contrôle. Ce qu'on s'est dit, à ce moment-là, c'est qu'il y a des praticiens qui travaillent mal, qui font des erreurs et que, si on ne les contrôle pas, la clientèle va en souffrir. Donc, il faut s'assurer que les praticiens travaillent bien, parce qu'on ne peut plus leur faire confiance. Les praticiens veulent avoir de la supervision ; on s'est dit : « On va leur en donner, c'est important, mais on va y mettre le contrôle » (Champagne, 1984 : 25).

À mon avis, cette nouvelle philosophie niait la capacité des individus, des communautés et des professionnels de définir les finalités de leur travail. Dorénavant, l'accent était mis sur la quantité et non sur la qualité. Le service social ne faisait plus aucune promotion sociale : il se contentait de gérer les problèmes ponctuels. Notre frustration était à son comble : nous avons été invités à participer à quelques exercices afin de mieux gérer notre temps, à calculer la durée moyenne par entrevue. C'était stressant.

En mars 1981, avec le soutien du syndicat et le support des médias, nous nous sommes réunis en journée d'étude. Nous avons alors décidé de nous opposer au projet de contrôle en boycottant toute formule ou toute procédure émanant de ce projet et ce, dans le but de forcer notre employeur à s'asseoir avec nous et à négocier nos conditions de travail. Nous voulions aussi que notre pratique professionnelle nous soit rendue. Cette négociation a d'abord été refusée par l'employeur puis acceptée par la suite. C'est alors que s'est enclenché le rituel des comités servant à offrir des périodes d'accalmie. Par contre, l'employeur réduisit ses demandes, principalement en ce qui touchait la gestion du temps passé en entrevue. C'était un sursis : quatre ou cinq ans plus tard, l'employeur revenait à la charge et tentait d'imposer des mesures de contrôle du même ordre.

UNE PRATIQUE PARALLÈLE

Comme il devenait de plus en plus difficile d'avoir une pratique valorisante et satisfaisante, éthiquement parlant, un petit nombre d'entre nous avons développé une pratique parallèle. Dans ce petit groupe, nous discutions des diverses situations que nous aurions dû logiquement (selon les directives du CSS) refuser ou traiter inadéquatement ; ou encore, il faut bien se l'avouer, nous discutions des personnes avec lesquelles nous étions en profonde sympathie. Cela m'est arrivé avec une femme de 53 ans, veuve depuis quelque temps, et qui se retrouvait sans le sou et sans aucune ressource pour survivre. Elle désirait former un groupe de femmes dans la même situation qu'elle, afin de retrouver les moyens de briser l'isolement qui les entoure. Cette femme dégageait une telle volonté de mieux vivre que je n'ai pas pu résister.

Alors, j'ai pris de mon temps pour l'aider à réaliser son projet. Évidemment, je gardais mes agissements secrets, mais je me sentais moins seule : grâce à mon groupe, j'avais de nouveau la possibilité d'échanger et de partager mes expériences, mes modes d'intervention et mes idées sur ce que pouvait être le service social. De plus, ma pratique parallèle prenait un sens plus précis du fait qu'elle était le lot de quelques confrères et consœurs. Il ne faudrait pas croire que travailler ainsi était un jeu d'enfant : je vivais parfois des heures de grande tension imputable à la crainte de me faire « pincer » à utiliser les ressources du CSS pour aider des personnes qui n'avaient pas droit en principe à mes services. Car les employées disposent de ressources importantes : boycottage des demandes administratives, conférence de presse, travail bénévole, stratégies. Malgré tout, cette pratique parallèle a duré presque cinq ans. À la fin, j'étais devenue une véritable professionnelle « underground » ! Malheureusement, l'accumulation des heures supplémentaires pose, un jour ou l'autre, un problème de santé.

Un jour, j'en ai eu marre de cette double vie ; plus exactement, je n'arrivais plus à effectuer mon travail au CSS avec conviction. J'avais l'impression que je traitais mal mes clients et qu'en respectant les politiques du CSS, je ne les servais pas toujours comme j'aurais dû le faire. Ensuite, le stress au travail ne cessait d'augmenter : il y avait de plus en plus de congés de maladie, de congé sans solde et de démissions. Trop souvent les victimes étaient les praticiens les plus compétents, ceux que j'ai qualifiés plus tôt de résistants. C'est dans ce climat d'insatisfaction qu'en 1983, j'ai décidé de demander un congé sans solde d'un an. J'étais à bout et je ne voulais pas ajouter mon nom à la liste des victimes d'épuisement professionnel.

J'ai profité de mon année sabbatique pour me refaire une santé et pour me questionner sur ce que je désirais faire et refusais de continuer à faire. Grâce au recul que ce congé m'a permis de prendre, j'ai pu me rendre compte de l'exactitude des quatre hypothèses sur lesquelles reposait mon mémoire de maîtrise (Champagne, 1984) :

– Le CSS ne définit pas ses objectifs organisationnels à partir de l'analyse de son environnement social ou politique, mais il se conforme plutôt à l'analyse faite par le ministère des Affaires sociales (MAS).

– Les cadres supérieurs et intermédiaires du CSS se posent comme les gardiens des finalités du CSS, telles que formulées par le MAS et, en conséquence, ils privilégient une structure de pouvoir hiérarchique leur permettant d'imposer ces finalités aux praticiens.

– Les praticiens sociaux, de par leurs ressources et leur marge de manœuvre, possèdent tout de même un certain pouvoir dans l'organisation hiérarchique du CSS et tentent d'imposer une structure organisationnelle plus égalitaire.

– Dans leurs luttes de pouvoir, les praticiens sociaux ne remettent pas en question cette reproduction de la logique technocratique de l'État. Ils tentent plutôt d'élargir leur marge de manœuvre en se soustrayant au contrôle des cadres supérieurs et intermédiaires sans remettre en question la structure et les objectifs du CSS et sans entrer en coalition avec les usagers.

À la fin de l'année, c'est-à-dire en février 1984, j'avais acquis la certitude que je ne pourrais plus retourner au CSS. J'ai quitté la pratique directe en 1985.

CONCLUSION

Aujourd'hui, avec le recul et la réflexion, je me rends compte que la pratique du travail social a suivi les nombreuses et rapides transformations de la société québécoise ; comme tout le monde, nous avons eu peu de temps pour digérer le changement et donner un nouveau sens à cette pratique. En me posant la question « Est-ce que je referais le même choix professionnel si c'était à refaire aujourd'hui ? », je réponds « Oui », sans hésitation. L'expérience acquise et le rapport avec les gens est extrêmement riche, en cette période où l'individualisme a conduit à l'indifférence et au désengagement politique et social. Dans un tel contexte, la pratique du travail social réaffirme que la souffrance a besoin d'être reconnue, légitimée. Des fois, je me demande comment se vit maintenant cette pratique sociale vue du dedans par les travailleurs sociaux. Est-ce que ça a beaucoup changé ?

Bibliographie

CHAMPAGNE, Diane (1984). *Analyse stratégique des relations de pouvoir au CSS des quatorze soleils*, mémoire de maîtrise en service social, Sherbrooke, Université de Sherbrooke.

Une Acadie troublée : santé mentale ou marginalisation des démunis ?

Nérée St-Amand
Université d'Ottawa

Après avoir brossé un tableau des recherches récentes effectuées en santé mentale en Acadie, cet article remet en question les pratiques psychiatriques privilégiées par les services institutionnels, aux dépens de la minorité acadienne en particulier. L'auteur en déduit que la santé mentale en Acadie est, sous couvert thérapeutique, un instrument d'oppression sociale et culturelle. En conclusion, il présente certains réseaux alternatifs qui, bien que fragiles et dépendants de l'État, remettent en question les injustices, inégalités et abus de pouvoirs des services d'aide institutionnels.

L'histoire du peuple acadien, riche de près de trois siècles de rebondissements sociopolitiques, est marquée en particulier par la colonisation, la déportation et de nombreuses tentatives d'assimilation. Au Nouveau-Brunswick, ce peuple sans pays compose environ le tiers de la population et jouit d'une protection sociolinguistique particulière, cette province étant la seule au Canada à être officiellement bilingue.

Au cours des dernières années, plusieurs études y ont été menées visant à évaluer l'état de santé mentale des Acadiennes et Acadiens. Après avoir présenté ces recherches, je proposerai une réflexion sur certains facteurs qui contribuent à faire basculer certaines personnes du monde de la santé dans celui de la maladie mentale ou tout au moins dans celui de la psychiatrie. C'est dans ce contexte que je proposerai que la santé mentale est davantage politique et idéologique que médicale et que je situerai le rôle des ressources institutionnelles et professionnelles en Acadie.

UN INTERNEMENT INÉGAL

Dans une étude effectuée sur une période de trente années (St-Amand, 1985), je faisais déjà état des inégalités flagrantes d'internement en institution psychiatrique dans cette province. Que ce soit au titre des internements involontaires (entre 50 % et 70 % des admissions le sont), des motifs d'internement ou des diagnostics psychiatriques, tout porte à conclure que certaines catégories de personnes, minoritaires au départ (Acadiennes et Acadiens, femmes, personnes en chômage ou âgées, etc.), constituent la source privilégiée des clientèles d'internement psychiatrique.

Par contre, d'autres groupes échappent à l'emprise de la science de l'esprit, en particulier les personnes occupant un emploi régulier, les hommes mariés et les personnes dont la langue maternelle est l'anglais. Cette même étude démontre aussi des liens très étroits entre proximité et internement : plus on demeure proche d'une institution psychiatrique, plus on a de « chance » d'y être admis. Et que dire du taux très élevé de réadmission (près de 70 %) qui constitue une situation fort embarrassante, tant en ce qui concerne les soins offerts dans l'institution que l'efficacité du suivi.

Dans la deuxième partie de cette même étude, l'auteur a analysé certains termes ayant une signification différente selon les cultures. Du côté anglophone, la conception de la maladie mentale semble évoluer autour du mot « mental », tandis que chez les Acadiennes et Acadiens, la maladie mentale la plus dangereuse consiste à être « troublé ». Or, les troubles dont il est question se situent davantage au niveau social ou politique que psychologique ou psychiatrique : voilà pourquoi je suggérais que l'élite acadienne et les réseaux psychiatriques utilisent l'institution comme mesure de contrôle social et de normalisation autant, sinon plus, que comme instrument de thérapie.

L'analyse de contenu des textes démontrait aussi que les conceptions de l'aide et de la santé mentale varient énormément chez les trois groupes étudiés. Du côté des gens d'origine loyaliste, on est porté à référer rapidement au système d'expertise et à nier ainsi l'existence de la différence. Les Irlandais, quant à eux, ont tendance à garder leurs déviants chez eux, souvent dans un endroit aménagé spécialement à cette fin. Pour les Acadiens, peuple forcé à la bonne entente par des circonstances historiques très précises (Aunger, 1981), il est très important de ne pas déranger. C'est ainsi que tout fauteur de trouble sera vite repéré et qu'on lui décernera rapidement un diagnostic ; les traitements et mesures de répression qui s'ensuivront, psychiatrie aidant, seront des plus sévères pour ces individus qui ont osé transgresser les normes ou codes de cette culture. Dans une province qui a accueilli les Loyalistes, fidèles sujets de la couronne britannique, on ne déroge pas facilement aux normes et codes sociolégaux, même en cette fin de XXe siècle : les individus s'aventurant en dehors du chemin tracé en payent souvent le prix !

DES PRATIQUES DISCRIMINATOIRES

Dans une étude de plus de 6 500 dossiers de personnes ayant consulté une des 17 cliniques d'hygiène mentale néo-brunswickoise au cours de l'année 1984-1985, Anne Wery (1987) présente de nombreux exemples d'inégalité face à la consultation et à la prise en charge psychiatrique. Les femmes consomment davantage, surtout les Acadiennes peu scolarisées.

Il faut tenir compte de l'action conjointe des trois variables : le sexe, l'origine linguistique, les années d'études. L'effet discriminant de chacune des variables, loin de s'annuler l'un l'autre, se renforce mutuellement pour produire des extrêmes : les femmes acadiennes ayant une scolarité inférieure au secondaire, d'une part, et les hommes anglophones de scolarité supérieure, d'autre part (Wery, 1987 :35-36).

Et l'auteure conclut en proposant des liens entre la santé mentale et le contexte sociohistorique et politique :

> Avec les patients, la psychiatrie a l'habitude d'agir comme si les rapports qu'elle entretient avec la société étaient « naturellement inexistants » (l'expression est de W. Fisher). Pourtant, elle prend en charge des patients chargés d'histoire non seulement individuelle et singulière, mais aussi sociale : discrimination des femmes, oppression des Acadiens, inégalité des personnes qui n'ont pas de formation scolaire, des chômeurs ... (Wery, 1987 :39)

Deux autres études menées dans le nord-est de la province (Snow et Diotte, 1984 ; Snow, 1987) portent une attention particulière aux conditions d'internement au Centre hospitalier Restigouche, là où sont internés la majorité des Acadiennes et Acadiens demandant de l'aide ou victimes de contraintes sociales. Voici quelques-uns des résultats de ces recherches :

–   Au nord du Nouveau-Brunswick, le taux d'internement par 100 000 habitants représente le double du taux canadien ; de plus, on constate une courbe ascendante, alors qu'au niveau national, on observe le contraire ;

–   Pour ce qui est de l'internement involontaire, on s'explique mal un pourcentage de 56,6 % entre 1980 et 1985 alors que la moyenne canadienne se situait alors à 13,8 %

À la suite de ses recherches, Snow (1987) remarque que cinq raisons communément utilisées comme motifs d'internement sont carrément illicites. On enferme des individus non pas parce qu'ils sont atteints de troubles mentaux, en vertu de la *Loi sur la santé mentale*, mais pour des raisons de contrôle social ou tout simplement pour obtenir des services non disponibles autrement, comme le transport gratuit en ambulance, par exemple.

L'OPPRESSION DES FEMMES

Après avoir constaté l'existence d'inégalités relativement à l'internement dans la province et à la suite d'études démontrant que les femmes vivent des situations d'oppression plus accentuées que leurs partenaires masculins, une équipe de chercheurs (Breau *et al.*, 1987) a analysé des récits de vie d'Acadiennes ayant connu une « carrière » psychiatrique. À l'aide d'une trentaine de témoignages, elles ont relevé trois profils particuliers et relevé leurs points de rupture, en fonction de l'intensité des situations vécues et des possibilités de s'en sortir. Voici comment elles ont présenté ces récits de vie.

LES ACCABLÉES DE TRAVAIL

Il s'agit de femmes habituées à tout faire, tant à la maison qu'au travail. Elles soutiennent la famille, le mariage, les finances, etc. À force de jouer ce double ou triple rôle familial et social, elles finissent par s'épuiser, d'autant plus qu'elles reçoivent peu d'appui et de valorisation pour ces nombreuses tâches. À un moment donné, ces femmes réévaluent leur situation et décident d'effectuer une rupture qui consiste surtout à réajuster leurs priorités. Elles constatent et acceptent leurs limites et décident de tenir davantage compte, dorénavant, de leurs intérêts et de leurs projets personnels ou professionnels. Leur rôle va changer, tant au sein de la famille qu'à l'extérieur du foyer ; elles vont s'affirmer davantage et leurs rapports avec le conjoint seront modifiés, dans le but de favoriser une répartition plus égalitaire des nombreuses responsabilités qu'elles assumaient jusqu'alors.

Le mythe des relations affectives

Les femmes faisant partie de cette catégorie ont misé, en se mariant, sur des relations affectives positives et valorisantes. Elles se sont données, comme la tradition le voulait, à leur famille d'adoption, le conjoint et les enfants constituant leur raison de vivre, leur idéal à réaliser. Ce faisant, elles ont mis de côté ambitions, priorités et intérêts personnels et se sont sacrifiées, espérant retrouver, dans leurs relations maritales et familiales, l'amour et la reconnaissance qu'elles souhaitaient recevoir en retour.

Plusieurs se sont retrouvées dépendantes, déçues, prisonnières de l'institution maritale et des obligations quotidiennes auxquelles elles devaient faire face. Négligées, abandonnées, elles ont dû avouer l'échec de ces relations et le cul-de-sac de cette aventure : « Le matin, je m'éveillais avec un goût de mort dans la bouche », confiait l'une d'elles.

Ici, la rupture est plus radicale que dans le premier cas : elles doivent réorienter leur vie, leur carrière, cesser de miser sur des relations affectives qui drainent leur énergie. Prenant en main leur situation, soit par le biais d'une formation continue, d'un travail ou d'un réseau d'amies, elles visent leur autonomie et le développement de leur identité. Lorsque le conjoint fait obstacle à la réalisation de ces objectifs, ces femmes rompent au besoin ce rapport inégal.

Les démunies au départ

Cette catégorie de femmes comprend des personnes défavorisées dès leur enfance, ayant connu une expérience de pauvreté familiale et souvent de violence à l'intérieur du foyer d'origine. L'école a ensuite constitué une autre expérience de rejet puisqu'elles y étaient mal vues (pauvreté, malnutrition, absences, etc.). Graduellement, elles ont été confinées à un travail domestique, étant donné les nombreux enfants dans leur famille d'origine.

Pour se sortir d'une situation familiale opprimante, le mariage constituait à peu près la seule avenue honorable, leur donnant accès, en principe du moins, à un statut social autre que marginal. Dans de nombreux cas, elles se sont retrouvées aussi misérables, sinon plus qu'auparavant. Plusieurs ont décrit des situations d'abus physique, émotionnel, mental, sexuel, ceci s'ajoutant à une progéniture plus nombreuse que désirée. Après des années « d'enfer au quotidien », elles en arrivent à un dégoût général et constatent qu'elles ont très peu de chances de s'en sortir. La rupture est-elle possible ? Il faut fuir cette situation, que ce soit dans l'imaginaire, le rêve, la sublimation, ou même en tentant de se suicider.

Se prendre en charge et refaire sa vie n'est pas chose facile pour ces personnes qui, en plus, ont été marquées par le sceau de la psychiatrie, par les électrochocs, les hospitalisations répétées et les psychotropes. On constate cependant une certaine rupture que certaines effectuent, dans les limites de leurs possibilités. D'aucunes utilisent l'institution à des fins alternatives ; pour certaines, l'hôpital peut servir d'hôtel, d'échappatoire ; d'autres savent à l'occasion y trouver une solidarité collective. Malgré tout, quelques-unes chérissent et réalisent des projets de vie qui contrastent avec la passivité des premières expériences personnelles, familiales et maritales.

Dans le même contexte d'oppression des femmes par la psychiatrie, Norma Poirier (1991) a examiné les dossiers de 221 femmes admises en psychiatrie dans un hôpital, ce qui, pour les Acadiennes et Acadiens nécessitant une hospitalisation, constitue la seule alternative à l'institution psychiatrique. Elle en déduit que :

– les femmes provenant de milieux familiaux violents ont quatre fois plus de chance d'être victimes d'abus dans leur mariage ;

– l'abus est beaucoup plus fréquent dans les familles aux prises avec des tensions économiques (assistance sociale, chômage, logement, etc.) ;

– les femmes victimes de violence conjugale se retrouvent très fréquemment en psychiatrie, puisque ceci semble constituer une des seules portes de sortie. Le diagnostic qu'on leur colle et le stigma dont elles héritent les font passer cependant de victimes de violence à personnes dérangées mentalement.

Poirier note de plus que les psychiatres pratiquant dans cette institution sont tous des hommes originaires de France. Dans un tel contexte, elle souligne leur ignorance du vécu des femmes aux prises avec des contraintes socio-économiques et qui aboutissent en psychiatrie, faute de réseaux d'appui ou de ressources communautaires appropriées.

SANTÉ MENTALE, TRAITEMENTS PSYCHIATRIQUES OU OPPRESSION ?

Une fois passées en revue les études traitant de la santé mentale en Acadie, voici quelques observations sur les pratiques psychiatriques et les recherches effectuées jusqu'à maintenant sur ce territoire.

Une santé mentale au négatif

Notons au départ une définition « par défaut » de la santé mentale. En effet, bien que l'on utilise régulièrement le mot santé, les services institutionnels parlent davantage de maladie ou de déviance que de santé mentale. On semble assumer que les personnes n'ayant pas utilisé les systèmes de soins ou les services professionnels jouissent d'une bonne santé mentale. Par ailleurs, on associe utilisateurs du système, même occasionnels ou accidentels, et malades mentaux. La conjointe qui doit chercher refuge à l'aile psychiatrique parce qu'abusée par son mari a un diagnostic de maladie mentale. Son conjoint, quant à lui, est sain ! Et sa voisine qui subit l'oppression sans mot dire est normale...

Peu de participation, peu de choix ...

Les victimes de la psychiatrie ne participent pas au processus de leur prise en charge ni aux diverses étapes de leur diagnostic ou de leur traitement : 58 % n'ont pas été consultées au sujet de leur congé, 13 % ne connaissaient même pas leur statut après admission ! (Miedema, 1990 : 37). La décision est confiée aux experts qui n'encouragent pas les approches participatives. La passivité de la clientèle (surtout féminine) est implicitement valorisée par les intervenants et gestionnaires ; nous proposons l'hypothèse qu'elle est même nécessaire au maintien du système et du statut des experts. La Commission de la santé mentale, formée en 1989, se proposait d'utiliser une approche plus participative, mais la participation reste plus symbolique que réelle.

Comment les institutions psychiatriques peuvent-elles continuer d'exister et d'être acceptées malgré les nombreuses contradictions dont elles sont le ferment ? En fait, il faut bien avouer que, fortes des retombées politiques, idéologiques et économiques qu'elles engendrent, elles constituent une condition de survie de leur communauté d'accueil. Il faut reconnaître aussi que les organismes professionnels ont des mécanismes de survie et de défense qu'il est difficile de contourner : ils savent bien protéger leurs acquis... et leurs convictions.

On l'a constaté, par exemple, lorsque le gouvernement du Nouveau-Brunswick, appuyé de l'Association canadienne pour la santé mentale, a tenté de faire modifier la *Loi sur la santé mentale*, en 1985. En particulier, un groupe de psychiatres a déployé avec succès un *lobbying* fort puissant et efficace pour maintenir ses privilèges et préserver une législation et des pratiques que tous qualifient d'inconstitutionnelles.

Bien que plusieurs personnes aient travaillé, depuis 1982, à la modification de cette législation, elle n'est toujours pas réalisée en 1992 ! Pourtant, la loi actuelle n'accorde aucune protection réelle aux personnes internées : le processus d'internement peut être arbitraire et les possibilités de recours, à la suite d'une décision d'internement involontaire, violent la Charte des droits et libertés en n'accordant pas une protection légale aux personnes admises.

Les victimes n'osent-elles pas parler, décrier les pratiques contraignantes, les traitements médicalisants ? En fait, la conjoncture sociopolitique se prête bien plus à des répressions arbitraires qu'à l'éclatement des contradictions : isolement, pressions sociales, valeurs traditionnelles et peur du « trouble » sont autant de raisons expliquant le maintien du statu quo. En outre, les personnes éprouvant des difficultés sur le plan émotionnel ou mental ont peu de réseaux ou d'alternatives en dehors de l'aide institutionnelle et professionnelle. On parle très peu de médecine douce, d'aide par et dans le milieu ou encore de groupes d'entraide bien qu'à ce chapitre, certains réseaux s'organisent (St-Amand et Clavette, 1991). Les victimes d'un contexte social opprimant suivent souvent un chemin tout tracé, à sens unique, soit celui prescrit par les experts et conduisant à la médicalisation ou à l'internement.

L'institution : buts officiels et utilité réelle

Par ailleurs, les recherches ont démontré que l'institution ne sert pas exclusivement aux fins prévues par les responsables : quand on est pauvre et défavorisé, on s'en sert quelquefois comme endroit de repos, de vacances ; faute de mieux, certaines femmes abusées l'utilisent comme un refuge. En ce sens, l'institution est à l'occasion un pis-aller, et contre toute attente, un instrument de libération pour certaines personnes. Puisque les services alternatifs sont rares, les réseaux institutionnels peuvent servir à des fins allant même à l'encontre des objectifs qu'ils visent.

Danger pour soi ou pour les autres ?

Sous prétexte de protection de la société, plusieurs des recherches citées plus haut démontrent qu'on enferme et traite un « amalgame abusif d'éléments hétérogènes » pour reprendre l'expression de Michel Foucault. Depuis sa fondation, l'institution psychiatrique a pris en charge une multitude d'individus qu'on a qualifiés de dangereux, de déviants, aux termes de la *Loi sur la santé mentale*. Qu'ont-ils en commun qui explique une intervention psychiatrique coercitive en clinique ou en institution ? Peu d'éléments justifient de telles mesures de redressement, sinon qu'ils cumulent souvent plusieurs handicaps. Dans un monde dominé par certaines valeurs socio-économiques, héritage de l'éthique protestante, les personnes qui refusent de se soumettre à certaines de ces valeurs ou pratiques constituent une menace sociale et une cible privilégiée pour la psychiatrie. C'est d'ailleurs dans la catégorie des sans-emploi que nous retrouvons la presque totalité de la clientèle psychiatrique (Kirsh, 1983).

Le fait de cumuler plusieurs de ces handicaps (pauvreté, mariage chez les femmes, maternité, absence de travail rémunéré, faible scolarité, proximité de l'institution, scolarité faible, langue française, sexe féminin, trop jeune ou trop vieux, etc.), semble créer un prétexte justifiant de nombreuses mesures dictées tant par le milieu que par les experts. Parce que ces exclus se sentent sans utilité sociale, il semble facile de les victimiser, de les médicaliser, de leur imposer un traitement.

Une remise en cause des individus et non des systèmes

Dans les études citées, nous constatons la vulnérabilité et l'isolement des individus qui ont peu de choix, si ce n'est celui de se soumettre aux diagnostics et traitements de ressources plus opprimantes que thérapeutiques. Les intervenants et intervenantes semblent encourager une analyse réductionniste des situations qui amènent les individus en psychiatrie ; en conséquence, les victimes se perçoivent comme coupables et n'osent remettre en cause, du moins ouvertement, les facteurs qui ont contribué à leur oppression. Et comment le faire sans regroupement, dans des régions où les facteurs de ruralité et de langue contribuent à l'isolement des victimes de la psychiatrie ? Ces personnes ressentent qu'elles sont la cible d'un système qui ne les aide pas mais qui a besoin de clientèle ; souvent, elles devront même jouer le jeu, de gré ou de force, si elles veulent obtenir quelque service que ce soit.

Et comment justifier que la division de la santé mentale ne possédait pas, avant 1989, de secteur consacré à la recherche ? En 1989-1990, on prévoyait un budget spécial à cette fin, mais pour l'année suivante, les coupures budgétaires ont eu raison du maigre 50 000 $ qui avait été attribué. Ceci reflète le peu d'attention que portent les gestionnaires à l'évaluation des services offerts.

Coupures entre maladie « physique » et « mentale »

Les recherches décrites plus haut permettent de soulever l'hypothèse que les personnes atteintes de maladie physique subissent une discrimination moindre que celles à qui on appose un diagnostic de maladie mentale. Les premières peuvent se faire soigner par un intervenant de leur choix et consentent à leur traitement ; de plus, elles sont habituellement conscientes des conséquences de leur décision. Quant à la deuxième catégorie, on utilise à leur égard une approche hermétique qui contribue à une prise en charge involontaire, dans un réseau spécialisé et fermé, offrant peu de ressources de rechange.

La réforme du ministre King, en 1992, tente d'éliminer cette coupure entre soins physiques et mentaux en nommant sept conseils régionaux de santé qui seront responsables de l'ensemble des budgets et des services, tant en santé physique que mentale.

CONCLUSION

Force est de conclure que la psychiatrie continue de jouer un double rôle en Acadie. Sous couvert de protection sociale et de nécessité thérapeutique se cache de fait une idéologie que quelques personnes ont tenté de démasquer. De plus, l'appareil psychiatrique est bien appuyé par les organismes officiels et les élites sociopolitiques, même acadiennes, qui peuvent s'en servir tout autant à des fins idéologiques que thérapeutiques.

Du côté de la clientèle, c'est l'éparpillement, l'isolement tant à cause du contexte essentiellement rural des Acadiens et Acadiennes que du facteur linguistique : sans négliger l'histoire sociopolitique de ce peuple, la soumission reste toujours valorisée. Il semble que les Acadiens et Acadiennes ont encore le serment d'allégeance et la déportation en mémoire...

En Acadie comme ailleurs, les mouvements d'entraide font cependant leur chemin. En 1985, il n'existait qu'un seul groupe d'entraide dans la province, dirigé d'ailleurs par l'Association canadienne pour la santé mentale ; en 1992, on en compte près de dix-huit, fort actifs. Les victimes commencent à se regrouper et à écrire leurs témoignages, à raconter leurs expériences, à sensibiliser ainsi la population aux expériences vécues. Ils ont, par exemple, dénoncé la répartition budgétaire de l'année fiscale 1990-1991 : 99,5 % des budgets de la santé mentale sont orientés vers les soins institutionnels et cliniques alors qu'on en retrouve un maigre 0,5 % consacré aux réseaux d'entraide...

De leur côté, plusieurs professionnels refusent d'endosser, plutôt lentement et tacitement, il va sans dire, l'orientation actuelle de la psychiatrie officielle. Par exemple, fort d'une expérience de sept ans comme travailleur social et administrateur au Centre hospitalier Restigouche de Campbellton, Claude Snow (1990) se montre fort critique envers cette institution, et il relève de nombreuses contradictions. Avec faits et témoignages à l'appui, il soulève de nombreuses questions concernant la psychiatrisation des pauvres, des défavorisés, des démunis :

> La ligne qui sépare ceux qui sont bien rangés de ceux qui sont dérangés, ceux qui ont une vision de ceux qui ont des visions est souvent très mince (Snow, 1990 :16).

Une fois plongés dans le système psychiatrique, nous perdons, comme intervenants, ce que nous avons de plus précieux : notre propre sensibilité et notre désir d'améliorer la condition humaine. Trop préoccupés par les structures, les convenances, les ordres et la peur des poursuites, nous devenons plus institutionnalisés que ceux que nous traitons et nous commettons, sans nous en rendre compte, de sérieuses entorses à leurs libertés fondamentales, tout cela, soi-disant pour leur bien (Snow, 1990 :16).

Dans le contexte de leurs possibilités, des professionnels de ce genre encouragent les victimes à s'organiser, à revendiquer. Le contrôle de l'entraide par les institutions et les professions d'aide est aussi un débat délicat et le réseau est encore fragile si on le compare aux regroupements du Québec ou de l'Ontario, par exemple.

Enfin, les préoccupations financières sont peut-être porteuses de changements, en faveur de la clientèle : les dirigeants politiques se préoccupent de plus en plus du coût grandissant des services spécialisés et de leur efficacité, surtout lorsque certains chiffres révèlent des pratiques plutôt embarrassantes : pourcentage d'admissions involontaires et de réadmissions, coût journalier d'hospitalisation versus résultats, etc. Tous sont conscients qu'il s'agit d'une question de temps (ou d'usure !) et qu'une telle répression n'aurait peut-être besoin que d'une étincelle pour remettre en cause l'appareil institutionnel actuellement à la barre.

Bibliographie

AUNGER, E. (1981). *In Search of Political Stability*, Montréal, McGill-Queen's University Press.

BREAU, Alice, ST-AMAND, Nérée, CYR, Paryse et Bernadette LANDRY (1987). « Récits de vie ... esquisses de libération », *Égalité*, printemps-été, 61-80.

KIRSH, S. (1983). *Unemployment, its Impact on Body and Soul*, Ottawa, Association canadienne pour la santé mentale.

MIEDEMA, B. (1990). *Control or Cure ? The Experience of Psychiatric Ex-Patients in New-Brunswick*, thèse de maîtrise en sociologie, University of New Brunswick.

POIRIER, N. (1991). *Some Factors Discriminating Between Women Admitted to a Psychiatric Unit and Other Women Inpatients*, thèse de maîtrise en nursing, Dalhousie University, Halifax.

SNOW, C. et Michelle DIOTTE (1984). « Caractéristiques des personnes traitées au Centre Hospitalier Restigouche », texte inédit.

SNOW, C. (1987). « Le taux élevé d'internement dans le nord du Nouveau-Brunswick », *Égalité*, printemps-été, 81-97.

SNOW, C. (1990). *Traiter la tête avec son cœur*, Saint-Jean, (à compte d'auteur).

ST-AMAND, N. (1985). *Folie et oppression*, Moncton, Éditions d'Acadie.

ST-AMAND, N. et Huguette CLAVETTE (1991). *Entraide et débrouillardise sociale*, Ottawa, Conseil canadien de développement social.

WERY, A. (1987). « Femmes et santé mentale », *Égalité*, printemps-été, 17-41.

Un Québec fou de ses enfants ! Un appel à un investissement profitable dans l'enfance et la jeunesse du Québec

Lucie FRÉCHETTE
Professeure en travail social
Université du Québec à Hull

Un mandat fort large – identifier les moyens de prévenir les problèmes graves vécus par les enfants et les jeunes du Québec – traité avec succès à l'intérieur d'une année, voilà le défi qu'a su relever avec brio le Groupe de travail pour les jeunes, présidé par Camil Bouchard. Le *Rapport*, déposé en fin 1991 mais disponible à partir de février 1992, offre une synthèse éclairante de la situation des enfants et des jeunes au Québec. Une des grandes réussites du rapport *Un Québec fou de ses enfants* réside en cette présentation socialement cohérente de la vie de la jeunesse québécoise. Heureuse surprise pour des lecteurs trop souvent habitués à considérer la question de la jeunesse sous forme d'une mosaïque dont les pièces ne sont pas toujours mises en relation les unes avec les autres. *Le Rapport Bouchard*, au contraire, brosse un portrait d'ensemble cohérent où les difficultés des jeunes sont mises en perspective et où les problématiques des enfants et des adolescents ne sont pas traitées indépendamment de la dynamique sociale dans laquelle elles s'inscrivent.

Dès le départ, le Groupe de travail sur les jeunes entraîne le lecteur dans une démarche proactive et non réactive. Bien sûr, *Un Québec fou de ses enfants* énonce et dénonce des problèmes aigus affectant les enfants et les adolescents. Mais il oriente d'abord le lecteur vers la promotion du mieux-être en adoptant un parti-pris pour le développement et la concertation, pour le soutien aux parents, pour la réduction des écarts économiques et pour la prévention.

Du côté de la description des problèmes vécus par les enfants et les adolescents, le *Rapport Bouchard* n'a pas la prétention d'inventer quoi que ce soit de nouveau. Les intervenants reconnaîtront facilement les problèmes auxquels leur pratique professionnelle les confronte depuis longtemps (enfants victimes d'abus, délinquance, toxicomanie, décrochage scolaire, etc.) ou, depuis un peu moins longtemps (vulnérabilité des familles immigrantes, suicides, sans-abri, etc.). Ces difficultés sont traitées à partir de facteurs de risque relativisant la gravité des problèmes ou la capacité des personnes de les résoudre ou non. Facteurs de risque qui, enfin, vont bien au-delà des personnalités et de la famille, pour rappeler aux intervenants et aux décideurs qu'il faut miser sur des solutions d'envergure sociale. Pour les auteurs du *Rapport*, pas question de s'en sortir si nous ne livrons pas une lutte acharnée à la pauvreté et à la marginalisation. Pas question non plus de s'en sortir sans redonner aux enfants et aux familles la place qui leur revient comme agent de changement des conditions de vie les affectant. Le Groupe de travail a fait la démonstration, à la mesure de ses moyens, que le travail en partenariat avec les jeunes et les moins jeunes est possible : il a lui-même consulté des jeunes, des parents et des intervenants, tant en milieu institutionnel qu'en milieu communautaire.

L'approche écologique forme la trame de cette pièce dont les fils de chaîne sont des interventions de développement des compétences des jeunes et des parents, des interventions communautaires en milieu défavorisé, des rapprochements parents/enseignants/enfants à l'école, des cuisines collectives, des centres de jeunes, du tutorat pédagogique, du soutien aux très jeunes parents, etc. Mais intervenir, créer de nouvelles ressources coûte cher, objectera-t-on, et ne nous parlez pas d'injecter de nouvelles ressources pour soulager la misère quand le discours est actuellement à la récession, à la création d'emploi, à la « grappe économique » ! Le *Rapport Bouchard* plaide pourtant en faveur de l'investissement dans l'enfant et l'adolescent avec des arguments convaincants : il s'évertue à dire et à démontrer que l'investissement dans la prévention est socialement rentable. Le mot est lancé : prévention !

Comme le souligne avec justesse Lise Denis, de l'Association des Centres de services sociaux du Québec, dans *La Presse* du 5 janvier 1992, il ne s'agit pas de « cette notion étriquée de la prévention qui la réduit à quelques interventions ponctuelles en milieu scolaire ou à des cours prénataux ». La prévention, dans le *Rapport Bouchard*, est de l'ordre de la prévention sociale.

Pour parler de prévention sociale, il faut envisager des résultats, soit une résolution durable des problèmes sociaux. En prévention sociale, l'intervention est soutenue par une analyse des problématiques sous l'angle social, systémique ou écologique. L'intervenant doit établir des alliances avec la communauté locale : il lui faut miser sur le sens de l'appartenance et les acquis des individus, des groupes et des communautés. La prévention sociale est enrichie d'interventions pluridisciplinaires d'où émanent des actions novatrices. C'est ainsi qu'elle prend en considération plus d'un problème à la fois grâce à une structure polyvalente de travail. La prévention sociale s'oriente vers l'accroissement des compétences, de l'autonomie et des pouvoirs de décision dans la communauté locale ou le groupe concerné et ce, avec la souplesse qui permet de reproduire ailleurs les expériences réussies.

Le *Rapport Bouchard* comporte ses lacunes. Oui, il aurait pu être étoffé de quelques données et chiffres supplémentaires. Oui, le lecteur demeure parfois sur son appétit. Oui, sa présentation originale peut parfois agacer les habitués des textes conservateurs au ton plus que sérieux de certains autres rapports. Oui, certaines solutions sont plus faibles pour les connaisseurs de ces domaines d'intervention, tel le développement économique. Oui, il est possible de l'examiner à la loupe pour en relever les failles. Je préfère cependant en souligner la richesse déclenchant la réflexion et l'originalité prometteuse d'innovation en matière de pratiques sociales.

Un Québec fou de ses enfants aura bientôt un an et le virage vers la prévention sociale s'amorce. Les parts sociales sont présentement lancées sur le marché et il est à souhaiter qu'elles trouveront preneurs (décideurs, intervenants, parents, enseignants). Il s'agit là d'une condition *sine qua non*, sans quoi cet appel à la mobilisation collective en faveur des enfants et des jeunes Québécois risque de demeurer sans réponse vitalisante pour notre société.

L'aventure solidaire

Jean-Dominique Boucher
Paris, Éditions Karthala,
1990, 278 p.

Publié d'abord en 1986, puis mis à jour en 1990, *L'aventure solidaire* a été écrit par un journaliste français, Jean-Dominique Boucher, qui est également l'auteur de nombreux reportages sur le tiers monde, particulièrement l'Afrique. Ce livre nous parle du *volontaire* au tiers monde (appelé ici *coopérant*) et de l'évolution qu'a prise la coopération au développement de ces pays défavorisés. Le lecteur voyage à travers des récits, des témoignages et des réflexions que l'auteur a recueillis lors d'une enquête auprès des coopérants, menée pendant trois ans. Illustrés de plusieurs scènes colorées, ces récits de volontaires dans le feu de l'action font l'originalité de l'ouvrage. Le lecteur se promène ainsi entre les réflexions et les analyses du quotidien de ces hommes et de ces femmes engagés dans le développement au tiers monde. Parfois drôles, parfois tristes, ces « confessions », ces mini-récits sont rapportés dans les mots des gens concernés et, par là même, ne manquent pas de réalisme.

L'auteur a voulu mesurer l'évolution des vingt dernières années du développement au tiers monde. Il a choisi de décrire cette évolution sous deux volets. Le premier est une description du volontaire au tiers monde et le second est une réflexion sur la transformation qu'a vécue la coopération internationale.

LES VOLONTAIRES

Pour faire la description du volontaire l'auteur accorde la priorité au vécu de ces derniers : leurs frustrations, leurs faiblesses, leurs limites. Ces volontaires sont des hommes et des femmes de diverses professions et expériences qui s'engagent à participer ou à créer un projet de développement au tiers monde. On les appelle également des coopérants et leur engagement implique un séjour de quelques mois ou de quelques années dans le milieu. Un premier type d'intervenant est celui du « volontaire de développement » qui participe à des projets à long terme dans le but de changer la structure actuelle. Ce volontaire de développement travaille le plus souvent au sein des organismes non gouvernementaux (ONG). Le mode de fonctionnement interne de ces ONG se différencie des autres, car ils possèdent une faculté d'adaptation, une souplesse de manœuvre et une liberté d'initiative, caractéristiques que ne possèdent pas les structures étatiques ou privées de coopération internationale. Un autre type d'intervenant est le « volontaire d'urgence » qui s'occupe de distribuer des soins médicaux ou autres en temps de conflits ou de catastrophes. Enfin, le dernier type de volontaire est le personnel « non bénévole » envoyé au tiers monde par les pouvoirs publics pour gérer et administrer des projets. Ce dernier est le seul des trois types de volontaire à ne pas s'impliquer avec la communauté locale.

Le premier chapitre nous raconte le travail d'un volontaire d'aujourd'hui qui épouse les contours d'une coopération bien différente de celle d'il y a vingt ans. C'est un récit qui décrit l'aboutissement de plusieurs années de tentatives plus ou moins réussies et présente des réflexions sur la coopération et sur le type de volontaire au tiers monde. Le volontaire des années 60, sous l'influence de croyances religieuses et chapeauté par les institutions ecclésiastiques, était porteur des idées occidentales. L'auteur parle ainsi de rapports paternalistes. Au cours de cette première époque, le volontaire était plutôt un missionnaire laïc, sans autre spécialité que celle issue de son imagination, de son esprit charitable et de sa bonne volonté. Les projets de cette époque ne requéraient que très peu de compétence technique. L'importance de l'expertise se fait sentir avec l'arrivée d'exigences techniques de plus en plus grandes, liées aux nouveaux projets de développement. Les bonnes intentions du volontaire et sa débrouillardise ne suffisent plus. On exige de lui qu'il ait un certain bagage de connaissances, une spécialité. L'auteur intitule ce virage de l'amateurisme au professionnalisme « la conversion des missionnaires ». Nos bons samaritains deviennent maintenant de « vrais coopérants ». Parmi les professionnels figurent des ingénieurs pour des micro-réalisations, comme la reforestation dans le Sahel ou la construction d'une route pour désenclaver une région.

L'auteur nous fait part d'un débat très actuel qui concerne le volontariat d'urgence et de développement. À l'encontre de l'opinion générale, il soutient que ces deux formes de coopération internationale se complètent car, le volontaire « d'urgence » dont l'objectif est le soulagement immédiat, relève de soins à court terme, alors que celui de « développement », dont l'objectif est la transformation de la structure organisationnelle du milieu, relève de projets à plus long terme. Il illustre d'ailleurs bien cette complémentarité en relatant un fait vécu où un camp de réfugiés éthiopiens fut créé et devint, cinq ans plus tard, le village de *Mouloud* (Boucher, 1990 : 171).

LA COOPÉRATION INTERNATIONALE : LES CHANGEMENTS EN COURS

Une réflexion sur la transformation de la coopération internationale nous amène au second volet du livre. La coopération au développement du tiers monde a connu une transformation qui a rendu le travail des volontaires et le développement lui-même plus crédibles aux yeux des autres institutions. Cette transformation ne s'est pas produite sans remises en question importantes. Ici même au Québec, on s'interroge sur les changements en cours. Comme l'illustre bien la réflexion au sein de l'Association québécoise des organismes de coopération internationale (AQOCI), on se requestionne encore aujourd'hui sur les orientations des ONG : « [...] cette orientation, plus stratégique, se caractérisera probablement par une nouvelle division du travail entre organisations du Nord et du Sud, une meilleure intégration des activités à la base et des interventions en matière de politique à un niveau plus élevé et le développement d'un éventail de nouvelles compétences » (Hamel, 1988 : 1).

Dans le chapitre trois intitulé « Les bricoleurs se rebiffent », on y décrit une prise de conscience venant des coopérants : ceux-ci rejettent les notions d'assistance qui, selon eux, ne peuvent que maintenir les peuples dans leur situation de dominés. Cette réflexion révèle d'après l'auteur trois générations de projets. La première génération est celle de la substitution et de l'intégration où le volontaire « [...] s'intègre dans les structures administratives ou locales » (Boucher, 1990 : 102). La seconde est celle du partenariat ou de la participation au développement. Et enfin, la troisième génération est celle de l'accompagnement dans une démarche de développement, dont la caractéristique principale est que « ce sont les groupes du Sud qui interpellent les associations du Nord » (Boucher, 1990 : 103). La transition de la deuxième génération à la troisième n'est pas chose simple. L'auteur voit la solution à ce problème dans la participation des paysans non pas uniquement dans l'action, mais dans la conception du projet et dans le dynamisme communautaire.

Pour conclure, l'auteur souligne l'importance de la préparation du départ du volontaire et émet des réflexions sur le volontariat de l'an 2000. À son avis, le coopérant au développement dans le tiers monde sera davantage amené à intervenir dans des actions de type économique (Boucher, 1990 : 205). Les problèmes relèveront encore largement du domaine social. Le problème de la faim, quant à lui, risque de demeurer prédominant encore longtemps.

CRITIQUE

Bien que stimulante, cette lecture ne m'a pas laissé sans questionnements. L'auteur a concentré sa recherche presque uniquement sur l'Afrique francophone, notamment sur le Sénégal. De plus, son volume porte essentiellement sur l'expérience de deux ONG françaises, « Volontaires du Progrès » et « Frères des Hommes ». Les expériences de ces deux ONG sont sans aucun doute d'une richesse considérable, mais jusqu'à quel point peuvent-elles être vraiment représentatives des autres associations de volontaires dans le monde ? Je pense, entre autres, aux associations canadiennes et québécoises qui n'ont pas de passé colonialiste. La France et l'Afrique francophone ont depuis leur première rencontre un rapport colonisateur/colonisé. On peut se demander jusqu'à quel point ce facteur influence leur communication et s'interroger sur la représentativité des expériences au Sénégal. C'est peut-être représentatif des pays francophones en Afrique ; mais peut-on dire la même chose des autres pays du tiers monde comme ceux d'Amérique latine où l'on en est plus seulement aux réformes agraires ? L'avenir du volontaire de l'an 2000 décrit par l'auteur s'applique bien à l'Afrique, mais pas nécessairement à l'Amérique latine. En effet, le travail qui s'y fait présentement dans les bidonvilles rejoint d'autres secteurs sociaux et économiques que celui des paysans. Par ailleurs, bon nombre de questions abordées sont les mêmes. Par exemple, les rapports entre les organismes de coopération internationale (OCI) et les ONG du Sud et la typologie des projets sont assez semblables (Doucet et Favreau, 1991 : 379-436). La lecture de ce livre nous laisse donc en partie sur notre appétit.

Par contre, ce livre est sans aucun doute un guide pertinent pour tous ceux et celles qui envisagent de s'engager dans cette voie. Il nous pousse à réfléchir plus en profondeur sur le pourquoi et le comment d'un tel engagement. Bien sûr, les témoignages sont remplis de déceptions et de projets échoués. Bien sûr, les véritables solutions au problème du développement au tiers monde ne sont pas clairement proposées. Mais le récit des expériences vécues et la liste des embûches du volontariat jusqu'à aujourd'hui apportent indéniablement des connaissances que les pionniers du développement ne possédaient pas. Cette lecture nous laisse sous l'impression que ces déceptions et difficultés sont choses du passé. L'avenir du volontaire et du développement au tiers monde semble beaucoup plus près d'un changement favorable qu'il ne l'a jamais été. Merci à Jean-Dominique Boucher d'avoir entrepris ce voyage dans le monde des coopérants. Leurs actions et leurs réflexions sont d'une grande richesse. J'ai non seulement la satisfaction d'avoir pris connaissance du quotidien du volontaire, mais j'y ai acquis la conviction de l'orientation de mon travail en tant que future agente de changement.

PLUS PRÈS DE CHEZ NOUS ...

La coopération internationale ne se limite pas à un long et éprouvant départ vers un monde éloigné. Plus près de chez nous, elle se pratique également. Une expérience faite ici, au Québec, nous introduit à une forme intéressante de volontariat international. Un *volontariat d'échange* où l'objectif est d'encourager deux peuples à favoriser la création de liens entre forces de changement (Mantha, 1991 : 25-26). Plus concrètement, à Montréal, un groupe de femmes est allé rencontrer un autre groupe de femmes au Pérou. Ce groupe des « Cuisines populaires » du Québec a visité les *Comedores Populares de Villa El Salvador* dans la région de Lima. Ces deux collectivités de femmes se débrouillent malgré leur pauvreté en achetant et en cuisinant ensemble, afin d'assurer la survie de leurs familles. Grâce à cet échange, ces femmes peuvent prendre conscience des réalités et des causes de l'appauvrissement des populations. Par-dessus tout, cette prise de conscience peut les amener à s'engager dans la réalité sociale et politique. Elles deviennent ainsi des agentes de changement tout en s'appropriant un certain pouvoir.

La coopération internationale se fait également sous forme de solidarité. Le mouvement syndical au Québec se joint à cette solidarité en introduisant le problème du développement au tiers monde dans ses politiques. Concrètement, par exemple, des syndicats de la Fédération des travailleurs et travailleuses du Québec (FTQ) ont contribué à mettre sur pied un Fonds humanitaire destiné à soutenir des projets dans le tiers monde (Roy, 1991 : 41-42).

Ce livre, consacré principalement à la réflexion sur l'aide au tiers monde, laisse le lecteur songeur. Il est clair que la participation individuelle à l'aide au tiers monde ne se limite plus aujourd'hui à une cotisation financière annuelle dont on doute souvent de l'utilisation. L'aide au tiers monde peut maintenant être apportée par une variété d'actions et d'initiatives. Saurons-nous relever le défi ?

Bibliographie

DOUCET, L. et L. FAVREAU (sous la direction de) (1991). *Théorie et pratiques en organisation communautaire*, Sillery, Presses de l'Université du Québec.

HAMEL, Suzanne (1988). « Pour relever le défi, il leur faudra beaucoup de souplesse », *Inter-Monde*, vol. 3, n° 6, 1.

MANTHA, Chantal (1991). « Des expertes du changement …et de la cuisine se rencontrent », *Inter-Monde*, vol. 6, n° 4, 25-26.

ROY, J.-H. (1991). « Les syndicats remettent leur internationalisme à jour », *Inter-Monde*, vol. 6, n° 4, 41-42.

Christine VILLENEUVE
Étudiante au baccalauréat en travail social
Université du Québec à Hull

❖ # Comprendre pour soigner autrement (Repères pour régionaliser les services de santé mentale)

Ellen E. Corin, Gilles Bibeau
Jean-Claude Martin et Robert Laplante
Montréal, Presses de l'Université de Montréal
1990, 258 p.

Ce livre publié à la fin de 1990 présente les principaux résultats d'une recherche menée entre 1986 et 1989 en Abitibi par une équipe d'anthropologues rattachée au Centre hospitalier Douglas et au Département d'anthropologie de l'Université de Montréal. Financée par Santé et Bien-être Canada, le CRSH et le FCAR, cette recherche s'avère sans doute l'une des plus élaborées et approfondies jamais réalisées au Québec dans le champ de l'anthropologie en général et de la santé mentale en particulier. Elle visait à produire une connaissance de première main sur la lecture socioculturelle des problèmes de santé mentale en même temps qu'à fournir des repères (comme le sous-titre l'indique) pour l'élaboration d'un modèle de planification et d'intervention plus adapté aux réalités locales, qui tienne compte non seulement des réalités régionales, mais aussi des sous-cultures propres aux différentes communautés.

Le choix des contenus et la démarche de présentation obéissent à cette double intention d'exposer des résultats de recherche et de promouvoir une approche à la fois alternative et complémentaire à la méthode classique de l'épidémiologie et des modèles de gestion et de pratique dominants. Ce qui en fait un produit d'une facture dispersée en référence aux contenus, aux niveaux de langage et aux publics cibles. Au surplus, les questions de méthode de cueillette et d'analyse des données ont été réduites à leur niveau minimal de références utiles à la compréhension de la démarche et amenées en pièces détachées, au fur et à mesure de la présentation des grands blocs de résultats. Ce choix, sans doute fait dans le but de produire un texte plus accessible, a au contraire pour effet d'en compliquer la lecture, étant donné l'absence d'une vision d'ensemble de toute la démarche. Le contenu est fort riche, mais complexe pour les non initiés. Signalons que les auteurs annoncent à plusieurs reprises dans ce livre que les dimensions de méthode doivent faire l'objet d'une autre publication, qui n'est pas encore disponible à notre connaissance. Cependant, malgré ces difficultés de forme, le livre représente une contribution majeure pour le renouvellement de la pratique sociale en santé mentale et dans les services sociaux en général. Il constitue un référent essentiel pour aborder la décentralisation et la communautarisation et il fournit des matériaux de premier ordre pour l'actualisation de ces orientations.

C'est d'ailleurs l'objet du chapitre introductif que de rappeler les grands paramètres des débats, enjeux et transformations en cours dans le système sociosanitaire. L'approche socioculturelle y est présentée comme alternative au modèle gestionnaire qui, dans la décentralisation, risque de reproduire à l'échelle régionale et locale une approche uniformisante, peu respectueuse des perceptions et points de vue de la population et peu soucieuse des spécificités culturelles et sociales des milieux. Alimentée par une connaissance anthropologique approfondie des communautés où les traits culturels ne sont pas considérés comme une autre série de variables dans la planification et l'intervention, cette approche permettrait de contrer la « dérive personnaliste » et la privatisation bon marché que représentent trop souvent la désinstitutionnalisation supportée par les individus et les familles et les approches d'intervention centrées sur l'individu.

Les effets de ce « recadrage » de l'analyse sur la communauté s'observe sur quatre plans : il met de côté les définitions professionnelles des maladies pour se centrer sur leur description populaire ; il recense les modèles dominants d'explication des problèmes qui ont cours dans la communauté ; les problèmes deviennent importants dans la mesure où ils sont reconnus comme significatifs par la communauté et enfin ces problèmes sont enracinés dans les caractéristiques dominantes de la culture de cette communauté. Une telle approche permet d'arriver à une connaissance des besoins et vient compléter la perspective épidémiologique, « qui met principalement l'accent sur les habitudes de vie, les comportements individuels à problèmes et la constitution de groupes à risques auprès desquels il convient d'intervenir » (p. 42) ; elle amène à situer les problèmes des individus dans les dynamiques sociales et culturelles et les systèmes de signes, de sens et d'actions que les communautés ont développé à travers les conditions structurantes (histoire, contraintes économiques, facteurs politiques) et l'expérience organisatrice qui les caractérise, soit leurs façons d'être et de faire en regard des éléments structurants. Dans cette perspective, la communautarisation des pratiques exige qu'on adapte les pratiques professionnelles d'aide non seulement à la réalité socioculturelle locale, mais aussi à la capacité des communautés à se prendre en charge, au mode de gestion de leurs propres problèmes, à travers notamment les réseaux de voisinage et d'entraide.

LE CADRE CONCEPTUEL ET LA MÉTHODE

Situons brièvement le cadre conceptuel et la méthode. Comme terrain de recherche, la sous-région de l'Abitibi présentait un intérêt particulier pour un tel projet en raison de son caractère périphérique et de ses frontières nettement délimitées, de son histoire récente marquée par des vagues successives de peuplement, de sa vaste étendue, de sa faible densité de population et de son économie principalement structurée par l'exploitation des ressources naturelles et une pénurie relative en services spécialisés. Pour les besoins de l'observation, on a retenu comme axes de structuration spatiale les trois grands types d'activités économiques, soit l'exploitation de la forêt, le développement minier et l'activité agroforestière. Au regard de chaque axe, on a sélectionné deux communautés présentant des caractères contrastés au plan socio-économique, soit d'homogénéité, soit d'hétérogénéité. Cela a permis de sélectionner comme terrain six communautés d'où se dégagent des sous-cultures qui, tout en participant à une culture régionale commune, présentent des dynamiques communautaires spécifiques.

La reconstitution de ces dynamiques constitue la pièce centrale de toute la recherche. Pour y arriver, on a structuré une démarche d'observation et d'analyse à trois niveaux : l'axe intégration-désintégration (le rapport de la communauté avec elle-même, à travers la reconstitution de ses composantes culturelles et structurelles), l'axe autonomie-dépendance, (soit le rapport à l'histoire telle que celle-ci se présente à la communauté et telle que cette dernière la perçoit) et l'axe ouverture-fermeture qui traduit le rapport aux autres sur le plan spatial et culturel. Pour compléter le décryptage des dynamiques communautaires qui ne définissent pas des types de communauté en soi, l'analyse doit relier ces trois axes aux conditions structurantes propres à chaque communauté et aux expériences organisatrices qui la fondent en quelque sorte et la caractérisent. Cette analyse devrait conduire au constat que « les communautés peuvent partager les mêmes expériences organisatrices qui génèrent des dilemmes qu'elles partagent mais auxquels elles répondent de façon contrastée » et singulière ; à partir de leur dynamique propre, elles deviennent des « formations socioculturelles qui s'imposent comme des contraintes, s'inscrivent dans l'histoire et deviennent des structures objectives » (p. 63).

À ce dispositif analytique inspiré d'une certaine anthropologie structurelle et historique (notamment de Lefèvre et de Giddens) se sont greffés les volets de l'identification des problèmes de santé mentale et de recherche d'aide propres à chaque communauté, ainsi que des comportements de soutien informel (entourage proche, aidants naturels et groupes communautaires) et d'utilisation des services plus formels : aidants locaux (enseignants, policiers, curés, représentants politiques), aidants médicaux et aidants psychosociaux. Les données requises au regard de ces différents volets ont été recueillies dans le cadre du travail-terrain (observation participante et entretiens avec 45 informateurs clés) mené par 6 chercheurs qui ont séjourné dans les communautés de 3 à 6 mois, ainsi que par une enquête de maisonnée réalisée auprès de 300 ménages répartis dans les 6 communautés. Enfin, on a complété la représentation populaire des problèmes par des dimensions épidémiologiques et organisationnelles de l'offre et de la demande effectives de services. Pour ce faire, on a tenté de dégager des « styles collectifs de consommation de services » en ventilant les statistiques d'utilisation des services par axe socio-économique pour toute la région et pour les communautés étudiées ; en outre, on a reconstitué à partir des témoignages d'une vingtaine d'intervenants les modèles de pratique ayant cours dans les services de santé mentale.

QUELQUES RÉSULTATS

En ce qui a trait aux analyses ethnographiques, on apprend au chapitre 4 que les six localités étudiées présentent des dynamiques communautaires distinctes et que chacun des trois milieux socio-économiques se définit par un axe de structuration dominant. Ainsi, dans l'axe intégration-désintégration, on retrouve les localités forestières, dont l'une (homogène), à la suite de l'érosion de ses assises économiques et culturelles et de la disqualification de ses leaders, est aux prises avec une dynamique de désintégration au sens strict alors que l'autre vit une situation de restructuration provoquée par l'urbanisation et la transformation de ses structures sociales et de son univers normatif. Les paroisses agroforestières sont principalement structurées autour de l'axe ouverture-fermeture, soit une logique de déruralisation et de transformation en banlieue pour la paroisse homogène où l'agriculture a été prospère, alors qu'au pôle hétérogène, là où l'agriculture fut un échec et l'activité forestière est en déclin, la lutte pour la survie et le maintien de l'identité propre de la vie collective entraîne une dynamique de « déterrorialisation ». Quant aux communautés minières, elles sont définies par l'axe autonomie-dépendance, où la précarité inhérente à l'activité minière engendre soit la stagnation et la dépendance à l'égard de l'État, lorsque les mines environnantes sont en déclin, soit l'expansion rapide entraînant la diversification de la structure sociale et la recherche des modes de vie métropolitains, lorsque l'activité est hétérogène et dynamique.

Ces connaissances de base fournissent les repères socioculturels autour desquels s'articulera l'analyse de toutes les autres données reliées à la problématique de la santé mentale et qui permettra une lecture socioculturelle différenciée des problèmes de santé mentale et des systèmes de soutien. Cette analyse servira à établir les différents modèles de comportements problèmes définis par les réactions et perceptions des informateurs à des descriptions types ainsi qu'à l'enracinement sociohistorique et communautaire de ces perceptions et réactions. C'est la modélisation globale de ces données qui est présentée au chapitre 4, où nous retrouvons de véritables bijoux d'analyses anthropologiques.

Présentées par communauté et par axe socio-économique, ces descriptions sont complétées au chapitre 5 par une mise en perspective plus globale des problèmes qui semblent se dégager des dynamiques communautaires et qui sont structurés par l'espace abitibien. On mettra ainsi en évidence le sentiment de précarité qui provient d'une économie vouée à l'incertitude et à l'éphémère, et source de conditions de vie et de travail plus difficiles. On relève également l'importance très grande de la sociabilité dans les milieux plus dynamiques, plus maîtres de leur avenir, alors que l'isolement apparaît comme contraire à la norme, comme facteur de risque et de vulnérabilité associé à des particularités personnelles ; dans les milieux plus fragiles, l'isolement pose moins problème, soit qu'il est accepté comme choix personnel ou provoqué par une situation objective, soit qu'il est interprété à travers un clivage social produit par la dynamique communautaire. Il y aussi les rôles sociaux qui sont parfois traditionnels et structurants au plan éducatif et familial, dans le cas des milieux forestiers et agroforestiers, parfois ouverts au pluralisme des modes de vie et à l'autonomie de la cellule familiale, dans le cas des villes minières. Au plan de la représentation des personnes, on insiste beaucoup en Abitibi sur l'autonomie et l'affirmation de soi comme réponse à un contexte difficile, dans un contexte où l'autonomie est insérée plus qu'isolée et où l'action de soutien cherche à responsabiliser le potentiel d'autonomie plutôt qu'à prendre en charge les problèmes des personnes dans le respect de la vie privée. Enfin, l'excès des comportements, y compris la violence associée ou non à la consommation d'alcool, est souvent accepté comme réaction à des conditions difficiles ; il pourrait être relié à une conception de la personne qui valorise la force de caractère, parfois une certaine force tout court, l'extériorisation des affects et l'autonomie.

Au regard des pratiques de soutien informel et des demandes d'aide professionnelle, on apprend, au chapitre 2, entre autres :

- que le soutien informel est davantage utilisé dans le cas de problèmes financiers et de santé que dans le cas de problèmes conjugaux, et que le réseau de parenté n'est pas nécessairement plus étendu et étoffé en milieu rural qu'en milieu urbain ;

- que plus la densité du tissu social est forte, plus il y a gêne et malaise au sujet de la demande d'aide autour de soi pour des problèmes personnels, par crainte des commérages ;

- que les milieux plus menacés dans leur identité et survie sont plus méfiants à l'égard des services professionnels ;

- que la demande d'aide professionnelle et informelle est plus forte et plus valorisée pour les situations problèmes de type comportemental que de type affectif ; en outre, dans de tels cas, on privilégie les aidants psychosociaux ; l'interprétation et la réaction face à ces problèmes varient aussi considérablement selon les dynamiques communautaires des milieux, le recours à l'aide professionnelle pouvant aussi bien s'inscrire dans la complémentarité du soutien informel qu'en parallèle.

L'analyse des styles de consommation collective au chapitre 3 laisse voir également des comportements différents en fonction des axes socio-économiques, selon les types de services utilisés et les profils des utilisateurs. Ainsi, dans les milieux miniers, on recourt aux cliniques externes de psychiatrie dans une plus forte proportion qu'ailleurs et ce sont les petites familles qui dominent dans la demande. Le milieu minier fournit également plus que sa part d'utilisateurs des centres spécialisés. Dans les localités étudiées, la population touchée représente 36 % de la population régionale, alors qu'elles fournissent respectivement 47 et 53 % des utilisateurs de cliniques externes et de centres spécialisées.

Enfin – dernier grand type de résultats, présentés au chapitre 6 –, quatre modèles de pratique se dégagent de l'analyse de la culture organisationnelle des services : le travail infirmier, qu'on retrouve surtout dans les hôpitaux généraux où il y a des unités psychiatriques internes et qui favorise le médicoclinique et l'hospitalier ; le psychologicocentrique, où le traitement est surtout individuel et psychothérapeutique pour les cas plus légers, alors que l'approche communautaire repose sur le suivi des cas lourds en familles d'accueil ou familles d'origine ; le modèle médicocentrique, occupé par les médecins généralistes assurant un suivi en cabinet privé ou renvoyant à l'hôpital, en collaboration avec le psychiatre et l'infirmière ; enfin, l'espace transitionnel, défini et structuré par la pratique de désinstitutionnalisation et une large place faite aux ressources du milieu mais où le rôle des intervenants est mal défini. C'est là que se retrouvent principalement les travailleurs sociaux, dont le nombre et le rôle sont vus comme insuffisants.

Ces modèles de pratique s'appuient sur une ou plusieurs grilles de lecture. Il y a bien sûr la grille médico-épidémiologique, qu'on connaît bien, tout comme le clinico-psychologique associé surtout au modèle psychologicocentrique et qui inspire aussi bien des psychologues que des travailleurs sociaux. On retrouve aussi le géo-écologique et le socio-économique, qui expliquent les problèmes soit à partir de l'environnement et du contexte géographique, soit à partir des conditions socio-économiques ; il y a enfin la lecture socioculturelle, que des intervenants veulent ajouter à l'une ou l'autre et même à plusieurs lectures qu'ils privilégient déjà.

DE LA RECHERCHE À LA PRATIQUE : QUESTIONS DE TRANSFERT TECHNOLOGIQUE

Le principal mérite de cette étude est d'apporter un matériel d'une grande qualité et d'une grande pertinence, tant sur le plan strictement de la culture d'une région que de la lecture socioculturelle des problématiques de santé mentale. Ainsi, l'établissement des sous-cultures qui informent et qui sont en même temps le produit de dynamiques communautaires structurées autour d'axes économiques et ethnographiques fournit un matériau d'une richesse inestimable pour la compréhension de l'expérience et de la réalité abitibienne aussi bien en elle-même qu'en regard des problèmes sociaux. À cet égard, on ne peut que souhaiter que les données inédites disponibles en vrac, en fichiers et à travers des monographies puissent être rendues accessibles aux chercheurs et agents de planification et d'intervention de l'Abitibi-Témiscamingue.

Il faut également souhaiter que les données et résultats de recherche déjà accessibles soient largement utilisés par ces mêmes agents. On sait que les responsables de la recherche ont maintenu un contact régulier avec le terrain régional dans la planification et la réalisation de la démarche et que des efforts ont été faits pour présenter les rapports préliminaires à des équipes d'intervenants et même à la table de concertation responsable de la préparation du Plan régional d'organisation des services (PROS) en santé mentale. Or, il semble que l'appropriation du contenu ne soit pas encore telle qu'elle ait influencé la confection du plan et qu'elle se soit inscrite au centre de la réflexion des équipes d'intervenants. Il faut peut-être voir là un phénomène normal de résistance au changement de la part de structures et d'individus marqués par les modèles de gestion et de pratique que l'approche socioculturelle veut précisément remettre en question et il faudra certainement beaucoup de temps et d'efforts avant que celle-ci occupe une place significative dans les pratiques du réseau de la santé mentale en Abitibi-Témiscamingue.

Mais il se pourrait aussi que le transfert ne se soit pas fait parce que le travail est inachevé ou à tout le moins ne peut encore être livré sous la forme d'un véritable modèle transférable dans la pratique. Car c'est une chose que de concevoir et appliquer le recadrage anthropologique – c'est ce qui fait la valeur de cette recherche – et c'en est une autre de concevoir et d'appliquer un modèle d'intervention qui s'inspire de la grille de lecture socioculturelle mise au point. Sur ce dernier plan, les auteurs ne nous livrent que des généralités qui arrivent difficilement à dépasser le stade des vœux pieux. On ne saurait le leur reprocher : ce n'est pas leur rayon que de modéliser l'intervention, soumise à des considérations aussi bien stratégiques et tactiques qu'à des problématiques, tant psychologiques, sociologiques, politiques et organisationnelles qu'anthropologiques. Il est à espérer maintenant que les gens concernés par l'action – chercheurs et intervenants – pourront et voudront poursuivre sur le terrain de la méthode et développer des approches et des outils qui tiennent compte des exigences de la pratique tout en permettant de la transformer. Quant aux anthropologues, il est à espérer qu'ils nous exposent davantage leur méthode et leur contenu d'analyse, car leur livre nous laisse sur notre appétit sur ce plan. C'est là que nous avons encore et le plus besoin d'eux.

Clément MERCIER
Université de Sherbrooke

❖ Économie du Québec
et de ses régions

Diane-Gabrielle TREMBLAY *et Vincent* VAN SCHENDEL,
Montréal, Télé-université et Éditions Saint-Martin
1991, 649 p.

Les auteurs nous proposent un tout nouveau volume de base pouvant admira-
blement servir de livre de référence dans un cours portant sur l'économie du
Québec. On y retrouve un contenu informatif élaboré sur le Québec et ses
régions. Quoiqu'il s'inscrive dans la lignée des ouvrages déjà produits et utilisés dans les collèges et universités, cet ouvrage se distingue par une approche
innovatrice notamment en ce qui concerne le choix et le traitement des
thèmes. Mais avant d'aborder les questions thématiques, notons la qualité de
la facture de l'ouvrage.

Le volume de Tremblay et Van Schendel a l'avantage de présenter un
mélange assez harmonieux de contenus théoriques et descriptifs, lequel permet une lecture relativement facile et à la portée tant des étudiantes et étudiants que de toute autre personne vraiment intéressée par les questions de
développement économique. L'utilisation de tableaux, graphiques, schémas et
encadrés contribue à dynamiser la présentation visuelle des différents concepts, attirant l'attention de la lectrice et du lecteur sur des aspects spécifiques
du contenu. Les principaux concepts de base de la macro-économie sont
alors illustrés par des données statistiques québécoises élaborées et caractérisées par une certaine recherche d'innovation. La présentation schématique
des modèles théoriques contribue également à faciliter leur compréhension.

Le volume se divise en cinq parties selon le découpage suivant : « Un
peu d'histoire, de méthodologie et de théorie », « L'activité économique et son

interprétation », « Population, emplois et revenus », « L'économie des régions » et « Des acteurs et des enjeux du développement économique ». C'est à l'intérieur de seize chapitres que sont ensuite développés les contenus théoriques et descriptifs permettant une bonne connaissance des règles et des processus économiques actuels et de l'économie du Québec et de ses régions.

Ma principale critique est certainement liée à mes préoccupations actuelles en matière de développement économique et social ainsi qu'à ma compréhension des enjeux actuels du développement. Tout en mettant en évidence certaines tendances lourdes, soit récentes ou actuelles, en ce qui concerne le développement économique du Québec, les auteurs omettent de soulever certains des aspects les plus utiles à la compréhension des enjeux du développement économique à l'intérieur des sociétés dites développées.

Je me permets de souligner les efforts certains en vue d'intégrer dans le texte des données concernant les aspects multiples du « mal-développement » du Québec et de ses régions, notamment les résultats des recherches qui ont mené à l'élaboration de la thèse du « Québec cassé en deux ». Puisque ces constats sont relativement clairs et maintenant connus, on aurait pu s'attendre à ce que les auteurs franchissent une étape de plus, premièrement, dans l'explication du processus de développement économique inégal et, deuxièmement, dans l'identification des entraves au ralentissement, sinon à l'arrêt, de ce processus de développement inégal.

Même s'ils sont tragiquement négligés par de nombreux analystes économiques, certains questionnements auraient mérité une place plus significative en vue de rendre justice aux enjeux actuels de développement au Québec. L'accentuation des inégalités sociales et économiques, si obsédante à l'heure actuelle, aurait, par exemple, mérité une attention plus soutenue.

L'intention des auteurs, inscrite au début du chapitre 11, soit de « préciser un cadre d'analyse nous permettant d'aller plus loin », nous laisse en effet sur notre faim. Quoique des avenues soient esquissées, le cadre d'analyse demeure peu étoffé. Alors que l'on sait que les règles du marché et du « productivisme » et l'organisation économique qui en découle, constituent tant les assises de l'unique modèle de développement économique auquel nous nous référons que la cause principale des déboires des moins favorisés ; nulle part ce sujet n'est formellement abordé comme objet de questionnement fondamental et incontournable pour le Québec des années 90. Comment d'ailleurs le reprocher à ces auteurs quand, dans la multitude des rapports officiels qui sont publiés sur le Québec et sur ses régions, on trouve si peu de traces des véritables coupables des inégalités économiques et sociales. La liste des causes du sous-développement de plusieurs portions du territoire est présentée de façon plutôt descriptive ; les auteurs retenant certainement pour d'autres occasions les questionnements qui auraient dû en découler.

Même défavorisées sur le plan collectif, certaines populations survivent en utilisant leur créativité pour s'assurer l'accès à des conditions de vie minimales. Il aurait été intéressant de noter l'influence du secteur non marchand, des expériences alternatives et des activités souterraines comme moyens privilégiés auxquels doivent recourir des groupes de personnes et des collectivités entières. D'ailleurs, ces secteurs d'activités « économiques », presque complètement passés sous silence, assurent, on ne peut l'ignorer, une portion importante de la satisfaction des besoins, voire du maintien de l'ordre social, dans une conjoncture économique difficile. Quoique facile à expliquer, cette omission contribue à limiter la connaissance et la compréhension des « enjeux du développement économique » du Québec et de ses régions.

D'autres choix thématiques, peut-être de moindre importance, suscitent chez moi des questions. Ces choix concernent d'ailleurs la cinquième partie de l'ouvrage portant sur « Des acteurs et des enjeux du développement économique », celle qui m'apparaît la plus innovatrice par rapport aux ouvrages de référence déjà publiés dans le même domaine. Une meilleure connaissance des principaux acteurs du développement économique permet inévitablement de saisir les éléments dynamiques du développement. Ainsi, la présentation des quatre grands acteurs économiques que sont « Le développement local et communautaire », « Les entreprises et l'entrepreneuriat », « Le syndicalisme au Québec » et « Les institutions financières et monétaires » contribue à renouveler le traitement habituel de ce type de volume de références ; toutefois, le mode de traitement de ces thèmes à l'intérieur des chapitres demeure parfois discutable. En présence de la conjoncture économique des années 90, on aurait pu s'attendre à ce que les auteurs, en plus de fournir de l'information descriptive et une perspective historique du développement de ces acteurs au Québec, soulignent davantage les tendances et les contraintes qui se dessinent pour eux, notamment dans leur « rôle d'agents de développement économique ». Cette absence a comme conséquence de limiter la portée de l'analyse des enjeux du développement économique.

Il importe de souligner, en dernier ressort, l'intérêt de cet ouvrage comme source de référence intégrée et utile pour jeter un premier coup d'œil sur l'économie du Québec et de ses composantes. Il est tout particulièrement bien adapté comme support à un cours d'introduction à l'économie du Québec pour des étudiantes et étudiants du premier cycle universitaire, permettant notamment d'appréhender des types d'explications des processus en cours prenant en compte une gamme plus large d'indicateurs que les références classiques.

Cécile SABOURIN
Professeure
Université du Québec en Abitibi-Témiscamingue

❖ Les fous de papier

Robert VIAU
Montréal, Éditions du Méridien
1989, 373 p.

Quelle belle évasion nous procure ce livre ! De ce genre d'évasion qui nourrit, de ce genre de pause qui distrait tout en enrichissant, puisqu'il s'agit d'une évasion au cœur de nous-mêmes, dans ce que nous avons de plus profond et de plus vrai : la cohabitation intérieure de notre cœur irraisonné et de notre esprit à raisonner ... Cette cohabitation, nous la retrouvons dans les personnages fous que nous fait connaître Robert Viau à travers quelques belles œuvres de notre littérature.

À l'heure actuelle et dans un contexte de désinstitutionnalisation qui a passé dernièrement le cap du quart de siècle, Robert Viau nous offre, dans son excellent ouvrage *Les fous de papier* un retour au cœur de la représentation sociale de la folie, au Québec, depuis les débuts de la colonisation jusqu'à nos jours.

Par le biais d'œuvres importantes de la littérature de chez nous, et en fonction de la perception sensible que fait chaque auteur du contexte culturel, sociopolitique et socio-économique de son époque, Robert Viau cerne, par l'analyse du personnage fou du roman, les différentes images qu'a prises la folie à travers les temps, depuis nos ancêtres jusqu'à nos contemporains. C'est ainsi que le lecteur se voit, au fil de sa lecture, apprivoiser dans sa compréhension les manifestations « étranges » et les réactions « exacerbées » du personnage fou en même temps qu'il saisit plus justement comment l'entourage vit sa relation à la folie. En effet, les œuvres littéraires étudiées, à partir de l'analyse du personnage fou qu'elles renferment, nous renvoient, comme un miroir, une image fidèle de la conception populaire de la folie de l'époque du roman ; ou inversement, à la manière d'un prisme, elles nous incitent à jeter un regard critique sur la façon dont la société aborde le différent, le non connu et cela, à travers une vision contestataire de la folie, vision différente de celle de la majorité.

Suivant les courants de pensée de la métropole, mais accusant un certain retard dans l'actualisation de ces mouvements d'influence, le fou, jusqu'en 1830, en Nouvelle-France, et contrairement à la mère-patrie, n'a pas de statut particulier, ni juridique, ni politique. Il vit, à l'époque, en réclusion domestique, caché ou enfermé dans la maison paternelle alors que le plus dangereux, celui qui présente une menace pour lui-même ou les autres, est gardé dans les prisons communes ou les loges des hôpitaux généraux. À cette époque, la folie, à laquelle se rattachent les notions de confusion et de dangerosité, prend ici également une connotation de jugement moral, de manifestation de vice, de péché selon la pensée bourgeoise sur l'ordre et le désordre social, sur le bien et sur le mal. De la littérature de cette époque, Robert Viau relève un bon nombre de contes, de légendes et de nouvelles dont 8 seulement sur 35 sont publiés avant les années 1870. Ces romans ou feuilletons de la première moitié du XIXe siècle renferment des personnages soit bons, soit mauvais qui n'évoluent pas. « La figure laide est le reflet d'une âme méchante, alors que les bons sont toujours beaux ou, du moins, agréables à regarder. Ce sont des personnages rudimentaires, leur caractère manichéen étant établi au tout début du roman » (p. 59).

Vers 1830, à l'instar du mouvement européen fin XVIIIe siècle, une nouvelle conception éthico-médicale des aliénistes européens fait de la folie « une maladie de l'esprit à caractère universel qui peut frapper n'importe où, n'importe quand » (p. 51). Le fou reste, dans la pensée de l'époque, « un être improductif, oisif et paresseux mais qui peut guérir par le travail » (p. 52). Les causes de la folie demeurent, dans l'opinion populaire, le vice, l'hérédité, l'indigence. Selon Viau, le déclencheur de la folie est soit un choc émotif violent, du style amour contrarié, comme en vit Stéphane dans *La Fille du brigand* (1844) d'Eugène L'Écuyer, Alphonse dans *La Huronne de Lorette* (1854-1855) d'Henri-Émile Chevalier, Eugénie dans *La Folle du mont Rouville* (1845) de C. ; ou la folie peut être provoquée par une ambition contrariée comme le présente Eugène L'Écuyer dans son roman *Christophe Bardinet* (1849). C'est à cette époque que Georges Boucher de Boucherville nous livre *Une de perdue, deux de trouvées* (1849-1851), « un des seuls romans québécois qui traite de la folie dans sa complexité et cela, sans verser dans un moralisme suspect et simpliste » (p. 74).

Au début du XXe siècle, dans une société québécoise sous influence spirituelle et intellectuelle de l'Église catholique et de la bourgeoisie conservatrice, la folie porte atteinte au respect de l'autorité et à l'ordre établi. Elle a, en ce sens, une valeur punitive et frappe le personnage qui a transgressé la norme sociale ou morale : c'est ce propos que nous retrouvons à travers le destin tragique de Didi Lantagne dans *La chair décevante* (1931) de Jovette-Alice Bernier, de l'oncle Joachim dans *Péché d'orgueil* (1935) d'Alphonse

Brassard et de l'épouse de M. Renouard dans *Le crime d'un père* (1930) de Jean Nel. Dans un contexte d'urbanisation, la folie est également tributaire d'une vie dissolue à la ville, la campagne étant la seule à offrir un cadre idéal de vie saine sur la terre à exploiter, à l'ombre du clocher, au sein de la famille et au nom de la patrie. Tel est le thème « terroriste » de *Grand-Louis l'innocent* (1925) de Marie LeFranc et de *Dolorès* (1932) d'Harry Bernard.

Vers 1940 et jusqu'en 1960, le Québec, en évolution constante d'industrialisation et d'urbanisation, demeure fortement ancré dans les valeurs traditionnelles. Encadrée par le clergé et un gouvernement stable, alors que les forces du renouveau sont à l'œuvre (économie prospère, niveau d'instruction plus élevé, radio, télévision, cinéma), la société québécoise voit le jour d'une littérature plus contestataire qui aborde des sujets tabous et à contre-courant. Dans les romans de l'époque, le fou le devient soit parce qu'il est aliéné par sa famille (éclatement des valeurs de la maternité), soit parce qu'il s'oppose à l'autoritarisme (devant un duplessisme désuet), soit parce qu'il craint l'emprise des valeurs matérialistes (devant l'américanisme envahissant). Viau écrit : « Le fou joue un rôle capital dans ces romans. Il n'est plus le personnage puni à la suite d'une quelconque faute morale, mais un croyant ou un humaniste qui conteste » (p. 196). Et l'auteur de nous remettre en contact avec Phonsine dans *Le Survenant* (1945) et *Marie-Didace* (1947) de Germaine Guèvremont, le personnage de la mère de Serge dans *La chaîne de feu* (1955) de Jean Filiatrault, celui de Patrice dans *La belle bête* (1959) de Marie-Claire Blais, la Julienne de *L'ampoule d'or* (1951) de Léo-Paul Desrosiers, sans oublier *Le Fou de l'île* (1958) de Félix Leclerc.

Dans cette foulée de contestation qui s'exprime par une littérature à travers laquelle la folie prend une dimension visionnaire et éclairée de la vérité, les années 60 jusqu'à nos jours sont marquées, dans les romans québécois et sous l'influence du mouvement antipsychiatrique, par une remise en question profonde de la psychiatrie traditionnelle qui s'ingénie à étouffer l'insensé et à rendre son agir normatif et socialement acceptable. La Révolution tranquille et son cortège de revendications incitent les écrivains à traiter de la folie comme d'un outil privilégié de contestation et d'opposition prenant source, selon Viau, dans trois mouvements supranationaux : la « folie politique » en réaction à la colonisation et à l'aliénation des peuples opprimés – *La ville inhumaine* (1964) de Laurent Girouard et *Prochain épisode* (1965) d'Hubert Aquin ; la « folie eschatologique » qui répond au mouvement anti-nucléaire – Orval Bélanger dans Le Déluge blanc (1981) de Normand Rousseau ; et la « folie féminine » devant le mouvement de libération des femmes – Aline Dupire dans *Une lettre d'amour soigneusement présentée* (1973) de Jacques Ferron, l'obsédée sexuelle dans *Les pantins*, (1973) de Normand Rousseau, Julie Lapierre dans *Le miroir de la folie*, (1978) de

Marie-Andrée Poissant et la femme de Rosaire dans *Rosaire* (1981) de Jacques Ferron (p. 239).

À travers toutes ces nouvelles rencontres ou ces retrouvailles avec les personnages fous de notre bel univers littéraire, nous fermons le livre de Robert Viau avec cette étrange et subtile impression que nous saisissons un peu mieux cette vision critique et sacrée de la folie, si présente au Moyen Âge : comme si nous reprenions contact avec le sens sacré de la folie qui en fait un lieu d'enseignement privilégié de l'être humain pour parfaire sa connaissance de lui-même et de son rapport avec l'environnement sociétal. C'est ainsi que la lecture de *Les fous de papier* de Robert Viau nous laisse avec cette envie agréable de retourner à de très belles œuvres de la littérature québécoise avec une ouverture de cœur et d'esprit qui favorise la compréhension et l'apprivoisement de l'insensé en chacun de nous ... Cet apprivoisement n'étant pas étranger, selon nous, à une disposition d'accueil plus franche et plus large de l'insensé autour de nous.

Louise DUPUIS
Étudiante de maîtrise en service social
Université de Montréal

❖ Guide pour la présentation des articles

Les personnes qui acheminent des textes à la revue sont invitées à respecter le protocole suivant :

- Inscrire sur la première page, en haut, à gauche, le titre de l'article. Inscrire, deux interlignes plus bas, toujours à gauche, le nom de l'auteure ou de l'auteur. Inscrire, un interligne plus bas, le nom de l'organisme auquel la personne qui signe l'article est associée.

- Présenter le manuscrit (en deux exemplaires) dactylographié à double interligne (26 lignes par page) avec marges d'un pouce. La longueur est de 15 pages maximum. (Dans certains cas particuliers, le comité de rédaction se réserve le droit de commander des articles plus longs.) Les tableaux et graphiques doivent être présentés sur des feuilles distinctes avec indication du lieu d'insertion dans le corps du texte.

- Dactylographier les notes à double interligne et les numéroter consécutivement à la fin de l'article sur une feuille à part.

- Placer les références dans le texte en indiquant entre parenthèses le nom de famille de l'auteure ou des auteurs, suivi d'une virgule, suivie de l'année de publication et au besoin, ajouter deux points et indiquer les pages citées, comme dans l'exemple suivant : (Tremblay, 1986 : 7). Si l'on cite deux pages ou plus, on insère un tiret entre la première et la dernière page citée comme dans l'exemple suivant : (Tremblay, 1987 : 7-8). Si l'on cite deux ouvrages publiés par le même auteur la même année, on différencie les deux ouvrages en ajoutant une lettre à l'année comme dans l'exemple suivant : (Tremblay, 1987a, 1987b). Si l'on cite deux ouvrages distincts à l'intérieur de la même parenthèse, on place un point virgule entre les deux ouvrages cités comme dans l'exemple suivant : (Tremblay, 1987 ; Lévesque, 1982). Une référence suit immédiatement, après les guillemets et avant toute ponctuation, la citation ou le mot auquel elle se rapporte.

– Il n'y a pas de guillemets avant ou après une citation détachée du texte. Mettre entre crochets [...] les lettres et les mots ajoutés ou changés dans une citation, de même que les points de suspension indiquant la coupure d'un passage.

– Les textes présentés à la revue doivent être féminisés en suivant la politique du ministère de l'Enseignement supérieur et de la Science (Québec). On utilisera, dans la mesure du possible, les tournures neutres qui englobent les femmes autant que les hommes (par exemple, les ressources professorales au lieu de les professeur-eure-s) et, à l'occasion, on utilisera le féminin et le masculin pour bien montrer que l'on fait référence aux femmes autant qu'aux hommes et on accordera les adjectifs et les participes passés avec le masculin (par exemple : les intervenantes et intervenants consultés).

– La bibliographie doit apparaître à la fin de l'article et comprendre la liste complète des références faites. Les textes retenus sont classés par ordre alphabétique des noms d'auteures et d'auteurs. On doit souligner le titre des livres, revues et journaux, mais mettre entre guillemets (sans les souligner) les titres d'articles et de chapitres de livres.

– L'article doit être accompagné d'un résumé en français de 100 mots maximum.

– La version finale de l'article pourra être accompagnée de la disquette (Macintosh de préférence).

❖ Les dossiers parus

Vol. 1, n° 1 (automne 1988)

Dossier : Les CLSC à la croisée des chemins
Responsables : Benoît Lévesque et Yves Vaillancourt

Vol. 2, n° 1 (printemps 1989)

Dossier : Quinze mois après le *Rapport Rochon*
Responsable : Yves Vaillancourt

Vol. 2, n° 2 (automne 1989)

Dossier : Chômage et travail
Responsable : Danielle Desmarais

Vol. 3, n° 1 (printemps 1990)

Dossier : Mouvements sociaux
Responsables : Paul-R. Bélanger et Jean-Pierre Deslauriers

Vol. 3, n° 2 (automne 1990)

Dossier : Pratiques féministes
Responsables : Christine Corbeil et Francine Descarries

Vol. 4, n° 1 (printemps 1991)

Dossier : Coopération internationale : nouveaux défis
Responsables : Yao Assogba, Louis Favreau et Guy Lafleur

Vol. 4, n° 2 (automne 1991)

Dossier : La réforme, vingt ans après
Responsables : Denis Bourque et Clément Mercier

Vol. 5, n° 1 (printemps 1992)

Dossier : Santé mentale
Responsables : Henri Dorvil et Jean Gagné

❖ Les dossiers à paraître

Vol. 5, n° 2 (automne 1992)

Dossier : Les groupes ethniques
Responsables : André Jacob et Micheline Labelle

Vol. 6, n° 1 (printemps 1993)

Dossier : Le champ de la surdité
Responsable : Micheline Vallières

Vol. 6, n° 2 (automne 1993)

Dossier : Les services sociaux aux jeunes
Responsables : Jacques Hébert, Marc-André Deniger
et Jean-François René

Vol. 7, n° 1 (printemps 1994)

Dossier : L'arrimage entre le communautaire et le réseau
gouvernemental
Responsables : Christine Daniel, René Doré, Réjean Mathieu
et Clément Mercier

Vol. 7, n° 2 (automne 1994)

Dossier : La recherche sociale
Responsables : Yao Assogba, Jean-Pierre Deslauriers
et Danielle Desmarais

Vol. 8, n° 1 (printemps 1995)

Dossier : Les régions
Responsables : Benoît Lévesque, Claire Roussy,
Pierre-André Tremblay

Vol. 8, n° 2 (automne 1995)

Dossier : 30 ans de développement des pratiques sociales
au Québec (1960-1990)
Responsables : Yves Vaillancourt et Jean-Pierre Deslauriers

Appel aux lecteurs et lectrices
de *Nouvelles pratiques sociales*

Nous avons la certitude que parmi les 1000 personnes qui sont abonnées à notre revue, il s'en trouve plusieurs qui auraient la capacité et le désir d'établir des liens avec nous et de nous prêter un coup de main sur le plan soit de l'évaluation des articles, soit de la promotion de la revue, soit de l'écriture de textes.

Si c'est le cas, nous vous invitons à nous le faire savoir sans délai en nous retournant la présente page dûment remplie.

Indiquez-nous ci-dessous votre nom et vos coordonnées (adresse et numéro de téléphone).

_____

_____

_____

Précisez si vous seriez prêt ou prête :

– soit à évaluer un article en nous précisant vos champs d'intérêt :

_____

_____

– soit à travailler à la promotion de la revue dans une région ou dans un secteur donnés :

_____

_____

– soit à écrire un article ou à collaborer à un dossier en précisant le thème :

_____

_____

Retourner cette page dûment remplie à :
 Yves VAILLANCOURT
 Directeur
 Nouvelles pratiques sociales
 Département de travail social
 Université du Québec à Montréal
 C.P. 8888, Succ. A
 Montréal (Québec) H3C 3P8
 Fax : (514) 987-4494

ABONNEMENT

Je m'abonne à la revue *Nouvelles pratiques sociales* à partir
du volume _____ numéro _____

	1 an (2 numéros)	**2 ans** (4 numéros)	**3 ans** (6 numéros)
Individu	21 $	36 $	46 $
Étudiant	15 $	24 $	33 $
Institution	29 $	50 $	69 $
Étranger	33 $	56 $	78 $

À l'unité : 15 $

Les prix incluent les taxes.

Nom : _____

Adresse : _____

Ville : _____ Province : _____

Code postal : _____ Téléphone : ( ) _____

Occupation : _____

Institution : _____

☐ Chèque ou mandat postal ci-joint

☐ Visa   ☐ Mastercard

N° de carte : _____

Date d'expiration : _____

Signature : _____

Libellez votre chèque ou mandat postal en dollars canadiens à :

Nouvelles pratiques sociales
Presses de l'Université du Québec
C.P. 250, Sillery, Québec   G1T 2R1
Téléphone :   (418) 657-3551, poste 2854
Télécopieur : (418) 657-2096

Achevé d'imprimer
en novembre 1992 sur les presses
des Ateliers Graphiques Marc Veilleux Inc.
Cap-Saint-Ignace, Qué.